1日3分で貧乏神を追い出す「すごい捨て方」

空間心理カウンセラー
伊藤勇司

PHP

あなたの部屋は貧乏神に好かれている!?

こんな不用品、たまっていませんか？

貧乏神の大好物

欲張りタイプ

□ 大量の割りばし

□ 期限切れの割引クーポン券

□ ポイントカード

くわしくは60ページへ

他人任せタイプ

□ 使っていないブランド品のバッグ

□ 好みでない引き出物

□ 使いこなせていない便利グッズ

くわしくは62ページへ

□ 期限切れの食品

□ 使っていない
家電製品

□ 古い靴

後回しタイプ

くわしくは64ページへ

□ 痩せたら着ようと
思っている服

□ コンサートの
半券

□ 過去の作品や
記念品

未練がちタイプ

くわしくは66ページへ

□ 使わなくなった
調味料

□ 数年間一度も
開けていない箱

□ 着なくなった服

しまいこみタイプ

くわしくは68ページへ

はじめに

「いつか使うかもしれないと、ストックした大量の割りばし」
「着なくなったけど、気に入っていたから捨てられない服」
「もらったけれど、自分の好みではなく、使っていないプレゼント」

「とりあえずとっておこう」「いつか捨てよう」と放置された不用品、あなたの家にも眠っていませんか？

使われず、大切にされないまま放っておかれた不用品がある部屋には停滞感《ていたいかん》が漂《ただよ》います。人から幸せやお金を遠ざける「貧乏神」は、この停滞感が大好きです。貧乏神にとって居心地のいい部屋になると、さらに不用品がたまっていく悪循環に陥《おちい》ってしまいます。

「片づけられない」「捨てられない」には必ず理由があります。

でも、その理由と捨て方のコツさえつかめば大丈夫。

本書では、1日に1つ、3分で取り組める捨て方や、なかなか手放せないものをすぱっと捨てられる考え方のコツをお教えします。

ものと向き合うことを通して、あなたを知らないうちに苦しめている心の癖を解明しましょう。

そして、心と部屋に住みついている貧乏神を不用品と一緒に追い出せば、心も家計もより豊かになり、みるみる運気が上がって幸せやお金に愛されるあなたへと変わるでしょう。

伊藤勇司

1日3分で貧乏神を追い出す「すごい捨て方」　もくじ

2章

貧乏神を追い出す「捨てトレーニング」

CHIPS
FASHION

場所別トレーニング

3章

貧乏神が逃げ出す「コミュニケーション習慣」

貧乏神

部屋の不用品の奥に隠れている。その家から幸せを遠ざけ、お金のめぐりを悪くする。停滞感のある家と、自分の感情に素直になれていない人間が大好き。

装幀デザイン：小口翔平＋岩永香穂（ｔｏｂｕｆｕｎｅ）
イラスト：田中麻里子
本文デザイン・組版：朝日メディアインターナショナル株式会社
編集協力：社納葉子

1章

あなたの心と部屋に住みつく貧乏神の正体

「運」は必ず自分で変えることができる

人はよく、「あの人は運がいい」「今回は運が悪かった」などと言います。

いったい「運」とは何でしょう。天から降ってくるような、あるいは偶然に転がりこんでくるようなイメージをもっている人がいるかもしれません。

しかし、私自身はそうは思いません。自分の経験から、また、多くの方からの相談を通じて、**「運とは自分でつくり出せるもの」**と考えています。

もう少し具体的にお話ししましょう。「運」とは、いわゆるスピリチュアルなものではありません。**運のいい人とは、「自分の考えが明確で整っている人」だと私は定義づけています。**

片づけの仕事を通してつくづく実感するのは、自分がどんな人間で何を大事にしているのかといった価値観のない人ほど、よくわからないものに手を出してしまいがちだということです。

「私はこうしたい」「これが好きだ」といった考えが明確にある人は、その考えに沿った行動をとります。他人から誘いを受けても、自分に本当に必要かどうかをその場で判断し、不要なものは断ることができます。**すると自分が求めているものだけが集まり、「あ、運がいいな」と思うような出来事しか起きなくなります。**ものを買うときも、自分に本当に必要なもの、好きなものだけを選ぶことができるので無駄な出費がありません。結果的に幸せやお金を招き寄せることにつながり、心も家計も豊かになっていくのです。これが「運のいい人」です。

では、「運の悪い人」とはどういう人でしょうか。簡単に言えば、「運のいい人」とは正反対の人ですね。自分の考えが明確ではないので、周りの人に「これがいいよ」と言われればそっちにフラフラ、「こっちのほうがいいよ」と言われれば今度はそっちにフラフラ、あれこれ手を出しても本当にいいかどうかを判断することはできません。だから常に周囲を気にして、「あっちのほうがよかったんじゃないか」と疑心暗鬼になり、すすめてきた人に対して「いいかげんな人だ」と怒り、「だまされた」と被害者意識をもちます。そこには「自分が選んだ」という意識がありません。

しかし、本当は「自分が選んだ」のです。「誰かがいいと言うものを受け入れる」ということを。そのことに気づかない限り、いつまでも他人のせいにして恨みがましい気持ちをもつだけの人生になってしまうでしょう。

自分の考えが整っていないと、つけこまれやすくもなります。

たとえば何かを売りつけたい人や、面倒な仕事を押しつけたい人は、自分の思い通りに動いてくれそうな相手を探しています。

コミュニケーションには、バーバル（言語的）とノンバーバル（非言語的）の2種類があります。ノンバーバルコミュニケーションでは見かけや雰囲気、目線などで、時には言語よりも雄弁にその人自身を表します。自分で判断することが苦手な人は、オドオドしていたり、目線が落ち着かなかったりと、自信のなさが見かけに表れることがあります。それが「強引にいけば押し切れる」と相手に思わせてしまい、「こうすると運が開けますよ」「いいことがありますよ」とそそのかす人が寄ってきます。

考えが明確でないことによって、このように「運が悪いな」「貧乏くじを引いたな」と感じることばかりを招いてしまうのです。

自分の考えが整っている人は、落ち着いた態度で、気分も安定しています。実際、自分への信頼やぶれない価値観をもっています。それだけで、悪意のある人間につけ入る隙を与えません。「この人にはいいかげんなことは言えないな」と思わせ、そういう人は離れていきます。ですから他者との関わりにおいて、望ましくないことは起こりません。余計なストレスを抱えないので、ますます落ち着き、「あの人は安定感があっていい感じだなあ」「信頼できそうだなあ」と好感をもたれます。

いかがでしょうか。運を良くするのも悪くするのも自分自身。あなたの人生はあなた自身が主導権をもっているのです。

ポイント
運の善し悪しを決めているのはあなた自身。まずは自分の考えを整えよう。

内面を変えようとするより、外への発信や表現を変える

私は「空間心理カウンセラー」として活動しています。「心理」「カウンセリング」というと、自分の内面と向き合っていくというイメージがあるかもしれません。

クライアントさんと関わるときには、その人の内面とじっくり向き合うことも大切にしていますが、私がそれ以上に軸としているのは、その人の個性と魅力を最大化していくことです。**その人が大事にしている、あるいは本来もっている魅力を最大化していくと、周囲にそれがよく見えるようになります。**するとその個性や魅力に合った職種に就くことができるなど、どんどんその人らしい、一貫した生き方になっていきます。

「今の自分を変えたい」「今の生活を変えたい」と思ったとき、多くの人は内面的な

部分を変えようとします。いえ、変えなければならないと思いこんでいます。

しかし内面的な部分を変えるといっても、具体的にどうすればいいのでしょうか。頭でいくら考えても、「こうしよう」と決めても、本当に変わったのか、そしてそれが周りの人たちに伝わるのか、なかなかわかりづらいことですね。

それよりも、**まず発信や表現の仕方を変えていく。外に向けるものを変えていくのです**。ダイレクトですから、確実に影響力が変わります。その反応を受けて、また自分自身も変わっていきます。

発信や表現を変えるには、やはり自分の考え方が整っている必要があります。**「どういう自分を表現していきたいか」**を考えなければ、自己表現は一貫しません。

それでは、「自分の考えを整える」にはどうすればいいのでしょうか。

私はそのためにこそ、片づけという方法が最高だと思っています。**片づけを通し**

て、その人の個性や大事にしているものがどんどんあきらかになり、本来の魅力が最大化していきます。そんな現場にたくさん立ち会ってきました。

片づけが苦手だという人は、「人にどう思われるか」「どう見られるか」を考えています。そこで、**片づけを通して、「どう思われるか、見られるか」から、「自分をどう見せていくか」へと発想を切り替えていくわけです。**

これを頭の中だけで考えるのは大変です。かといって、いきなり生活や生き方をガラッと変えるのも難しい。そもそも「自分がどうありたいか」という軸が定まっていないわけですから。

そこでまずしていただきたいのが、「部屋の片づけ」です。
自分で言うのも何ですが、私は「部屋」というのがとてもいいアイデアだと思っています。小さな空間に自分の考えをすぐに反映させられるではありませんか。

私の考える片づけの目的は、「部屋をきれいにする」ではなく、「自分の考え方をあきらかにする」ことです。

片づけをしながら部屋を整えるという作業は、「これをここに置いたらいいかな」「こういう形にしたいな」など自分が思ったことを即座に形にすることができます。
これは考え方というものを定めるための、恰好《かっこう》のトレーニングになります。

ポイント
片づけの目的は「部屋をきれいにする」ではなく「自分の内面をあきらかにする」こと。

部屋の状態はあなたの心を表現している

「捨てる」「収納する」「掃除」「片づけ」……。本屋さんに行くと、このようなタイトルの本がずらりと揃っています。この本を買ってくださったあなたも、これまでに何冊か片づけに関する本を買われたことがあるかもしれません。

スッキリとした部屋は気持ちがいいものです。

しかし、いざ家を片づけようと、そのために何日も前から気合いを入れたり、一大決心をしたりしていませんか?

そもそも部屋が散らかっていることに、罪悪感やコンプレックスを抱いていませんか?

もしあなたが罪悪感やコンプレックスを抱いていて、そんな自分を変えたい、変えなくてはと思っているならば、まずはそんなに自分を追い詰めないでください。

部屋がきれいに片づいている人とは、どんな人でしょうか。

「しっかりしている」「きれい好き」「仕事もできそう」「お金持ち」……。悪いイメージを抱く人は少ないかもしれませんね。


では逆に、片づいていない人は？

「だらしない」「不潔」「仕事もできなそう」「お金が貯まらなそう」？　片づいている部屋に住んでいる人とは真逆のイメージでしょうか。

もしあなたの部屋が今、片づいていないなら、自分に対して「だらしない」「だから自分はダメなんだ」と責める気持ちをもっているのかもしれません。


たしかに、部屋には住む人の心を映し出す鏡のような側面があります。

けれど、「片づいていないから、だらしない」といった単純なものではありません。


今、あなたの部屋が片づいていないのは、あなたの心がいろいろなものに縛られて、本来もっている個性や魅力を出せずにいると考えてみましょう。

本当に大切なのは、きれいな部屋に住むことではなく、あなたの心がのびやかになり、あなたらしさを十分に活かすことのはず。そのことを常に意識してほしいのです。

部屋はあなたの心を映し出している場所だからこそ、**あなたの心そのものを大切に扱う気持ちで見直し、部屋を大切な場所だと感じてみましょう。**

あまり好きでないものやいらないものが置いてあるかもしれません。

洋服やバッグが乱雑に投げ出してあるかもしれません。

古い雑誌や使いかけの化粧品がほこりをかぶっているかもしれません。

それらの一つひとつは、あなたが気づかずにいた「心のわだかまり」です。放置してしまうと部屋に停滞感が漂います。

この停滞感は貧乏神を招き、さらにこのようなものが増えて悪循環に陥り、めぐってくるはずの幸せやお金を遠ざけます。

「いる・いらない」で判断し、考えることなく捨てていけば、たしかにものは減りますが、またいつのまにか増えていくでしょう。そこにはやっぱり自分自身の整った考え方がないからです。

繰り返しになりますが、だからといって、「今のあなた」がダメだというわけではありません。

たとえ、今の部屋がとても散らかっている状態だとしても、あなたは自分を悪くしようとしてきたわけではないはずです。

一生懸命生きる中で、何かしらうまくいかないことが生じて、混乱してしまう。心の整理がつかないまま、時間が過ぎてしまう。そんな積み重ねが、今の部屋の状態として表現されているのです。

ポイント
まずは今の心の状態をありのままに受け止めよう。

必ずしも「きれいな部屋」がいいとは限らない

部屋が散らかっているからと自分を責める必要はないとお伝えしました。

同じように、部屋がきれいに片づいているからといって、その人が自分らしくいられているかどうかはわかりません。

いわゆる「きれい好き」にも2つのタイプがあると私は考えています。

インテリア雑誌などで紹介される部屋などにイメージを重ねて自分の部屋をつくっていく人と、「こんな部屋が好き、こんな空間で過ごしたい」という自分の喜びを追求した結果として片づいたという人です。

自分が心から「いいな」と思ったうえでの行動であれば、どちらでもいいのです。

けれど前者のタイプは人の価値観から入っていますから、結局どこかに「苦しさ」が含まれがち。

たとえば模様替えをしようと思っても、どこをどう変えたいのかがわかりません。またインテリア雑誌を探すところから始めたり、インテリアショップに行っても目移りがして決められなかったり。

後者の自分の喜びを追求した人は、模様替えをしようと思った時点で明確なイメージがありますから迷いがありません。そしてますます満足度が高くなった部屋でリラックスした時間を過ごすことができます。

ここ数年は、極限までものを減らすというスタイルが大きな注目を浴びました。もちろん、そういう生き方があってもいいし、最初に始めた人はそれこそご自身の喜びを追求された結果だったのでしょう。

しかし、それはあくまでも「その人の喜び」です。その人が自分と向き合い、考えを整えた結果が「ミニマム」だったのでしょう。そこを抜きに、**「ものを極限まで減らす」という形だけを真似しても、同じような喜びや満足は得られないのではないかと思います。**

実際に、「ミニマム」を目指してただただものを減らしていったという部屋に入ったことがあります。一歩足を踏み入れて感じたのは、楽しさよりも寂しさでした。

「そぎ落とす」ことに集中した結果、人間関係までそぎ落としすぎて、本当に寂しい人生に見えてしまう人もいます。

離婚しても、家族と離れても、自分が心から望んだ結果であればいいのです。問題なのは、そうではない場合です。

そういう人の部屋には、喜びや楽しい気持ちが感じられません。その人自身からも、弾むような元気さが伝わってこないのです。これはどういうことでしょうか。

私はやはり、他人の価値観を軸にしているからではないかと思います。

このように、部屋が散らかっていても、きれいに片づいていても、見た目は正反対でも「人の価値観を軸に生きている」という点では同じなのです。

見た目ではなく、あなた自身の心の状態を見ていきましょう。

それも「責める目線」ではなく、「大切に思う目線」で。

片づけはそこから始まります。

ポイント

気にすべきは「見た目」ではなく、自分の心の状態。

他人軸から自分軸へ、価値観をシフトする

部屋が散らかっている人は、「片づけられたらさぞ快適になるだろう」と思っているのではないかと思いますが、ちょっと待ってください。

本当に快適なら、とっくにそうしているのではないでしょうか。
それなのに、なぜ片づけられないのでしょうか。

「人間は、苦痛を避けて、快楽を得る行動をする」
これは精神科医であるフロイトが表現した、人間の基本的な行動原則です。快の感情を得るために行動するのが人間の基本原則だと言っています。

だとすれば、「片づけたいけどなかなか行動に移せない」という人は、片づけをす

ることが快の感情に直結していない、すなわち「片づけが気持ちよくない」ということです。

片づけをしないほうが自分にとっては気持ちいい。そう自覚はしていなくとも、深層心理ではそう思っているからこそ、行動に移さないわけです。

まずここを客観的に理解しましょう。そして片づけが「快」の感情につながるよう、つまり「快の感情」をゴールに設定します。

そうすれば「片づけなければ」という義務感ではなく、「片づけたい」（気持ちよくなりたい）という思いで自ら動けるようになります。

自分軸をもっている人は、自分自身が何を喜びとするかをよくわかっています。そして、そこに向かって行動することもできます。

とはいうものの、「いったい、どうすればいいの？」と、とまどう人も多いでしょう。

そこで、ものと向き合うことを通して感情の片づけ、すなわち「感情の整理」をしていただきたいのです。

私はこれまで「部屋が片づかない」という人の心の問題に特化して相談を受けてきました。その中で気づいたのは、**部屋が片づかない人は、自分よりも他人を優先する心理傾向があるということです。**

何かを判断するときや人間関係において、「自分がどうしたいか、どう思うか」ではなく、「人にどう見られるか、どう思われるか」に基準を置いて意思決定するのです。

物事を自分軸で考えるか、それとも他人軸で考えるか。これがとても大きな違いとなります。

他人軸の人は、文字通り「他人に合わせる」わけですから、一見「思いやりのある、優しい人」です。

しかし深くつきあうと「優柔不断」という部分が目立ってきます。

「優しい人というのは、誰にでも優しい人」「いい人だけど、自分の意思というものが感じられない」といった言葉を聞いたことはありませんか？

理想のタイプとして「優しい人がいい」ともよくいわれますが、「優しさ」の本質をよく見極めるのも大事です。また、自分自身にそんなところがないかも振り返ってみましょう。

他人軸の価値観をもっていると、逆に、人に対して厳しくなることもあります。他人の目を気にするということは、自分が他人の立場にもなるということ。人にも他人軸で生きることを強制したくなるのです。

「世間に恥ずかしくないようにしなさい」「そんなことをしたら、人にどう思われるか」というような表現をよくする人は要注意です。

たとえば片づけについても、「部屋を片づけなさい」と強要する。その理由が「こんなに散らかっていたら、恥ずかしくて誰も呼べないでしょう」などであれば、それは他人軸の価値観によるものだということです。

〝自分〟がない――。部屋が片づかなかったり、知らず知らずのうちに悪運を招いてしまったりする理由も、そこにあるかもしれません。

自分がないということは、自分の感情に素直になれていないということ。

人の目や感情を気にして、本当はやりたくないことをやったりしていると、今度は人にも「こうすべき」と強要するようになります。「私だって我慢しているのだから、あなたも我慢すべきだ」と。

そして他人が自分の思うように動かなかったら「裏切られた」「自分勝手だ」と恨みます。

一方、自分軸をもっていて、自分の喜びを追求している人は他人に期待しません。自分に期待するからです。

また、他人が自分の喜びを追求していることにも共感しますし、その生き方を尊重しようとします。自分もそうしているからです。

そうしていると、自分軸をもつ人たちが自然と周囲に集まり、共感の輪が広がり、いろいろな意味で豊かになっていきます。

生きるうえで、自分軸をもつか他人軸をもつかで、人生は大きく変わります。

あなたも今は他人軸をもっているかもしれません。

けれど、不要なものを手放すトレーニングをしていけば、必ず自分軸をもつことができます。

そして自分軸をもてば、自分の部屋をどんなふうにしたいか、何を置きたいかがはっきりとしてきます。

そうしてできた部屋が、あなたにとっての片づいた部屋であり、あなただけの部屋なのです。

ポイント
自分軸をもてば「片づけなければ」から「片づけたい」へと変化する。

リバウンドを「味方」にして、自分の行動を変えていく

痩せたと思ったらまた太る。

片づいたと思ったらまた散らかる。それも前以上に――。

ダイエットも片づけも、リバウンドは恐怖そのものかもしれません。

しかし、そのリバウンドを「味方にする」ことで、よりあなたの自分軸を磨いていくことができます。


リバウンドは一般的にはあまりいいイメージではありませんので、どういうことかと不思議に思う人も多いでしょう。ですが、心理学的には、リバウンド自体は悪いものではないのです。

人間にはもともと「変化を拒《こば》む性質」があります。自分を守ろうとするプログラム

があらかじめインプットされているのは、生命体としてはごく当たり前のこと。慣れ親しみ、安定した今のままでいようとする「恒常性」が働き、変わろうとしても元の自分に戻っていく。こうした「一定の基準に戻る引き戻し作用」がリバウンドなのです。

本能的なものですから、リバウンドをしないようにするほうが実は不自然なことなのです。まずはここを理解してください。決してあなたの問題ではありません。

それを踏まえたうえで、効果的に活かしていくことを考えましょう。リバウンドをしなくなるためには、３つのポイントがあります。

1　「リバウンドはしていい」と、リバウンドに対する考え方を改める
2　「快適感情」を軸にする
3　「いいリバウンド」を繰り返して習慣化する

１つめのポイントの、リバウンドはあって当然、悪いことではないということは先ほどお話ししたとおりです。

2つめの「『快適感情』を軸にする」とは、前項で書いたことに通じます。つまり、自分軸をもち、自分の喜びを追求するということです。

リバウンドはしてもいいと言いましたが、それは人間に「変化を拒む性質」があり、元の状態に戻ろうとする「引き戻し作用」があるため、リバウンドするのが自然だということ。**リバウンドの方向性を変えれば、リバウンドの結果も変わります。**

もっと具体的に言えば、「自分が心地よく過ごす」という自分軸を確立すれば、片づいている状態が自然になります。散らかっている状態は「異常事態」です。

つまり自分軸におけるリバウンドとは、心地よく過ごせる、片づいた状態に戻ること、というわけです。それが2つめのポイント、「『快適感情』を軸にする」ということです。

次に3つめのポイントにある「いいリバウンド」について。リバウンドに対する認識を改めれば、リバウンドを活かすことができるようになります。

ダイエットを例に説明しましょう。

人間にはもともと「変化を拒む性質」があると書きました。「太っている」をスタートとして「体重を減らす」を目的にすると、この法則が働き「悪いリバウンド」を引き起こします。

そこでスタート地点を「痩せている」に切り替えるのです。自分自身が今太っていても、痩せている人の考え方や行動を基準とするわけです。

「いいリバウンド」のイメージは「痩せてもまた太る」ではなく、「太ってもまた痩せる」。そして痩せている人の考え方や行動を「自分のもの」にする。

痩せている人の話を聞くと、やはり自分とは違う部分が多々あるはずです。「朝早く起きてウォーキングする」「できるだけ階段を使う」「速足で歩く」など、ハードな食事制限や運動をしなくてもいいような習慣づけがたくさんあるはず。それをやってみるのです。

何度もダイエットに失敗している人は「どうせまた太る」とどこかで思っていることが多いものです。そう思っていればいるほど、悪いリバウンドが起こります。するとと「やっぱり」と自分の予感が「正しかった」ことを確認し、ますます痩せなくなるでしょう。それでは自分を苦しめるばかりです。

そうではなく、体重が増えてきたら「太ってもまた痩せる」と考えるのです。そして元へ戻るための習慣をきちんとやっていく。そうすれば体重の多少の増減に一喜一憂することもなく、自然と体重が落ちていくでしょう。「元に戻る」だけですから、心身にストレスもかかりません。

こうして「いいリバウンド」を繰り返していくうちに、本来の自分のあるべき体重へと落ち着いていくはずです。

ポイント
リバウンドの特性を活かして、考え方と行動を変える。

私もかつては「超汚部屋」の住人だった

今、こうして私がたくさんの人に片づけや、片づけを通じて自分と向き合うことについてお話しできるのは、かつての自分が「超汚部屋」に住んでいて、人前に出るのは絶対に嫌！　という人間だったからです。

そう伝えると「本当ですか〜？」と疑われることが多いのですが、本当です。

自分について掘り下げて考えてみると、私が極端な引っこみ思案だったのは幼少期の経験が大きかったと思います。

私は二人兄弟で、四歳上の兄がいます。この兄が子どもの頃から優秀で、親戚が集まると常に注目と絶賛の的でした。勉強をはじめ、何をやらせてもこなしてしまう。顔もいい。「お兄ちゃん、かっこいいね」「賢いねえ」と大人たちは笑顔で褒《ほ》めたたえます。そしてふと私に気づくと、「ああ、勇司か。元気そうだな」。それでおしまい。その場面が繰り返される度に「自分は何もいいところがないんだな」と思い、成長とともに「自分はダメだ」という確信にまでなってしまったのです。

そんな調子ですから、いつしか親戚の集まりには絶対に行きたくないと思うようになり、学校でも人前で何かするのが大の苦手になってしまいました。

コンプレックスが一つひとつ解消されてきたのは、今の仕事を始めてからです。以前は自分の声も嫌いでした。しかし人前で話す機会が増えてきて、逃げていられなくなってきました。

ただ、「自分の声なんだから好きになろう！」と自分に言い聞かせるだけではどうにもなりません。

そこでまず、自分の声を録音してみました。再生してみると、やっぱり聞いていられないほど「嫌だ」と思ってしまいます。

しかし逃げてもいられません。そこでいろいろやってみました。「はい、こんにちは」など、セミナーの講師をしているようなイメージでちょっとしたフレーズを言ってみたり、有名な人の名言集などを読み上げてみたり。

それらしく聞こえるように意識してやっていると、だんだん楽しくなってきました。あんなに嫌だった自分の声も、繰り返し聞いているうちに「意外といい声してるんじゃゃない？」と思えてきたりして。

そのうち、「お、何かいい感じになってきたぞ」「声が変わってきたな」と思い始め、1ヶ月が過ぎる頃には自分の声が大好きになっていました。

コンプレックスのある人は、あえてそこに注目して、「どうしたら好きになれるかな」と考えてみるのもいいと思います。

人は生まれてくる環境を選ぶことはできません。だからといって、生まれた環境ですべてが決まるわけでもありません。

たとえば私が優秀な兄に比べて自分はダメだと思いこんでしまったように、本来の自分らしさや本音を素直に出せないのはもったいないことです。

生まれた環境も、時間とともに変化していきます。

私の場合、幼少期には兄の存在が大きく、高校時代には親が事業に失敗したことで経済的な苦境に陥りました。借金を抱えて苦労する親の姿に、やりたいことを言い出せず、あきらめたこともあります。

人間不信になって、友人も含めて「誰も信用できない」と決めつけたりもしました。

そんなふうに心を閉ざしていれば、何事もうまくいくはずがありません。

人間不信でピリピリしている人間と仲よくなりたい、話がしたいと思う人はいませんよね。

それでますます「おまえらなんか信用できねぇよ。オレに近づくな」とばかりに人を遠ざけてしまう。悪循環そのものです。

あのときの自分は、本当はどうしたかったのだろう。

今になってわかるのは、「もっと自分のことをわかってほしい」という親に対する気持ちや、「もっとしゃべりたい」という友人への思いです。

本音の部分では歩み寄りたいのに、突っ張るような表現をしてしまう。そういう自分だったから、何をやってもうまくいかない流れになっていたのです。

その後、試行錯誤、いや悪戦苦闘をする中で、本音や思っていることを出すことが人生を好転させ、自分の望む生き方になっていくという経験をしました。

そして、その人の個性や魅力がもっとも活きる生き方をしたほうが絶対にいいと確信したのです。

ポイント
人は生まれ育った環境に大きな影響を受ける。しかし変わりたいという意思があれば変わることができる。

運を好転させるにはまず「自分軸」をもつこと

私の部屋もかつては「超汚部屋」だったと書きました。そのことには何年も自分で気づいていませんでしたが、あるとき気づかされる出来事があったのです。

当時すでに心理学の勉強を始めていて、自分の心の状態を考えるようにはなっていたときのことです。「心の動きや状態を知ったり変えたりすることができれば、幸せになれるのではないか」と、確信にはまだ至らないものの、考え始めていたところでした。

ある日、その当時の仕事だった引っ越し関連の運搬業で、同じ日に3件の引っ越しに携《たずさ》わりました。それが、3件とも離婚するというご家庭だったのです。

行ってみて驚いたのは、どの家も、そしてどの部屋も、荒れに荒れていたことでした。見ただけで離婚したご夫婦のいさかいぶりや荒れた気持ちが伝わってくるようで、3件目の引っ越しが終わったときにはぐったりと疲れていました。

ところが自分の家に帰って、さらにショックを受けたのです。何とさっきまで見てきた離婚家庭の部屋よりも荒れているのが自分の部屋でした。大切にされていないものや不用品であふれ、まさに貧乏神が居座っているかのようだったのです。

初めて客観的に自分の部屋を見て、「あれ？　心理学を勉強して心が豊かになったような気持ちになっていたけど、この部屋には豊かさを全然感じないな。今、自分は何かがおかしいのかもしれない」と自覚したのです。

心理を理屈だけで考えて理解したような気になっているだけではダメだということですね。

そこで、部屋を片づけて、豊かさを感じられるような環境を整えながら、改めて自分の心と向き合ってみようと思いました。そこからガラッと、そして心から自分が変わっていきました。

私が最初にやったのは、自分が「好きだな」「いいな」と思うもの以外のものを手放すことでした。他人からもらったものや何かの景品、つまり自分が欲しいと思って選んだのではないものです。捨てるのに抵抗があるならリサイクルショップに引き取ってもらったり、欲しいという人に譲ったりする方法や、あるいはまずは目につかないところにしまっておくという手もあります。基準は「自分」です。**「自分を表しているな」と思うものだけを残していくのです。**

この方法は特に女性におすすめしています。

これまで「結婚したいのに、いい出会いがない」「今つきあっている彼と結婚したほうがいいのかどうか、判断できない」と悩んでいる女性とたくさん出会ってきました。

そういう女性の部屋を見ると、自分が好きで選んだものよりも、他人からもらったものをメインに飾っていることが多いのです。

これは、他人の価値観を軸にして意思決定をしている状態です。

他人の価値観を外して、自分の価値観で環境を整えると部屋の雰囲気が変わるとともに、**「自分の人生の責任は100％自分にある」という価値観に整っていきます。**

ものの「テイスト」、つまり色や形、雰囲気が違うと雑然としてしまうから揃えなくては、と気にする人もいますが、テイストはバラバラでもかまいません。整えていくうちに、何となく揃ってきたりもするでしょう。

まずは今あるものについて、自分は「本当に好きなのか」「どういうところが好きなのか」を掘り下げて考えたり感じたりしてみましょう。するとより深く、自分が好きなものや、その理由がわかってきます。

「いらないものを捨てる」という発想よりも、自分の「好き」をより明確にするという意識をもつのがポイントです。

ポイント
片づけのスタートは「自分軸」をもつこと。「捨てる」発想より、「好き」を明確に。

自分を知り、自分を変えることから変わる「運」

この本は「捨て方」をテーマにしていますが、まだ具体的な捨て方や片づけについては触れていません。むしろ捨てる、片づけるという意識からいったん離れ、自分の考え方や価値観、人との関わりについて考えましょうと繰り返し書きました。

それは、部屋の片づけにはその人の考え方や人間関係が深く関わっているからです。今、家の居心地が悪く、だから片づける必要があると思うのならば、**まずやるべきことは「ものを捨てる」ことではなく、「考え方を変える」ことです。**そうでなければ、とりあえず目先にあるものを捨てても、必ずまたものは増えます。これは「悪いリバウンド」です。

「痩せてもまた太る」ではなく「太ってもまた痩せる」とダイエットでたとえたように、「散らかってもまた片づく」ようにするには、部屋の住人である自分自身を変える必要があります。

そして、片づかない状況を引き起こした思考パターンや習慣、コミュニケーションを変えていくことで、そもそも不要なものがたまらないようになっていきます。

本章の冒頭で、運は自分で変えられるとも書きました。おみくじを引くと「家庭運」や「仕事運」などさまざまな「運」について書かれています。そして多くの人がそのような「運」を高めたいと感じていると思います。「どこかにいい人、いないですかね」「やりがいのある仕事とめぐりあいたい」などの言葉を耳にすることがあります。私もかつてはそう思っていましたが、今は違います。

自分を見つめ直す過程で発想が逆転し、「自分のやる仕事がすばらしい」と考えるようになったのです。**ある仕事に価値があるのではなく、その仕事をやる自分に価値があるのだ、と。**だから逆に何をしてもいいわけです。すごい自画自賛です。

けれどこの発想で、私の仕事はどんどん広がり、本当に価値を得てきました。

そして、現場で部屋と心の研究を重ねて構築したメソッドをもとに、多くのクライアントの人生を好転させ、幸運体質に変えることに成功しています。

自分を変えるには、自分を知る必要があります。思い出したくない過去もあるでしょう。けれどネガティブな経験も含めての「今の自分」です。そしてネガティブな経験の中で培《つちか》われた優しさや強さも必ずあります。それはきちんと向き合うことで見えてくるものなのです。

そのために、2章では、具体的なものを例に、そこにくっついている「自分の思い」とどう向き合うかを考えていきましょう。

1日に1つ、3分からで十分です。今あるものと向き合うことを少しずつ繰り返していくうちに、自分の思考パターンがわかり、自然と「自分軸」で考える習慣がついていくでしょう。**ものを手放すことで執着や悪い習慣を手放したそのとき、あなたの心と部屋に隠れていた貧乏神は出ていきます。**そして運気がどんどん高まるとともに、部屋は自分にとって居心地のよい空間になっているはずです。

ポイント
自分を変えるには、まず自分を知ることから。

2章

貧乏神を追い出す「捨てトレーニング」

3分で捨てよう！　貧乏神が大好きな不用品

いよいよ2章は実践編。3分でできる、たまってしまいがちな不用品を捨てるためのアクションや考え方のコツを解説します。**大切にされないまま放置された不用品は、貧乏神の大好物。**ご自宅をチェックし、そんな不用品が見つかれば、解説を参考に手放していきましょう。

片づけが苦手な人は、「いっきに片づけてしまいたい」「時間があるときにまとめて捨てよう」と思いがちです。しかし、それではいつまでたっても捨てられず、心身ともに負荷もかかります。1日に1つずつ、3分間、捨てるための時間をもってほしいのです。そのたった3分が、あなたのこれからの人生をより豊かにしてくれます。

実践の前に、知っていただきたいのがご自身の「ためこみタイプ」。自分の考え方や行動の傾向を知っておくと、片づけがさらにスムーズに進みます。次ページからのチェックリストに、まっさらな心で答えてみてください。

◆ためこみタイプ診断チェックリスト

チェックリストの中で自分に当てはまるものをチェックしましょう。
もっともチェック数が多いのが、あなたのためこみタイプです。

欲張りタイプ

- □もらえるものはもらっておく
- □大量の割りばしのストックがある
- □割引クーポン券は必ずとっておく
- □お得なポイントカードをすぐに作ってしまう
- □自己主張はあまりしない
- □スーパーマーケットの特売情報はよくチェックしている
- □聞き役に徹することが多い
- □「何でもいい」という言葉をよく使う
- □タイムサービスや値引き商品があるとつい買ってしまう
- □行動力はあるほうだ

他人任せタイプ

- □使っていないブランド品のバッグがある
- □引き出物を捨てられない
- □部屋の目立つ場所に人からもらったものを飾っている
- □プレゼントは自分の好みでなくても使う
- □食事に行くときは相手の好みに合わせて店を選ぶ
- □流行には敏感なほうだ
- □スマホを見ている時間が1日に2時間以上はある
- □自分の意見よりもまずは相手の意見を先に聞く
- □深夜まで起きていて寝不足になることが多い
- □便利グッズには目がない

後回しタイプ

- □「時間がない」とよく思う
- □期限切れの食品が多い
- □使っていない家電製品がある
- □読み終えた雑誌が多い
- □古い靴が靴箱にある
- □使わない水槽が放置されている
- □テーブルに郵便物を仮置きすることが多い
- □予定があっても友人の誘いにはできるだけ応えようとする
- □問題が起きても「何とかなるか」と深くは考えない
- □待ち合わせの時間に遅れることが度々ある

未練がちタイプ

□よく過去のことを思い出す
□痩せたら着ようと思っている服がある
□コンサートの半券は必ずとっておく
□過去の作品や記念品が捨てられない
□自分の気持ちを素直に表現することが苦手だ
□作り笑顔をすることが多い
□直感でよいと思ってもすぐに決断できない
□親の期待に応えてきたタイプだ
□夢や目標について妄想することが多い
□アイドルにハマっている

しまいこみタイプ

- □「いつか使うかも」とよく思う
- □使わなくなった調味料が多い
- □数年間、一度も開けていない箱がある
- □「たぶん」という言葉をよく使う
- □黒やグレーの服を着ることが多い
- □もっと収納が多ければ片づくと思っている
- □人と言い争いをすることはまずない
- □他人から気が利くと言われる
- □無料でもらった粗品が多い
- □昔のことをよく覚えている

欲張りタイプ

情報収集力と行動力を、自分を輝かせるために使おう

好奇心が強く、情報を集めるのが得意。中でも「お得情報」には敏感です。お財布の中はポイントカードや割引券でふくらんでいる……なんてことはありませんか。

しかし、お得に手に入れたものを活かせているかどうかは別問題。「あれもお得だわ、でもこっちも見逃すのは惜しい」と右往左往している人が多いように思います。

「どれだけ得するか」ばかりを基準にしていると、「自分にとって本当に必要かどうか」という本質を見失ってしまいがちです。

たとえば何か食べようとするとき、「何を食べたいか」より、「安く食べられるものは何か」と手持ちのクーポンの中から選ぶことが多くなります。つまり自分が心から欲しいもの、食べたいものを手に入れるという本質、すなわち「自分軸」から外れ、「クーポンがあるからこれにしよう」という「他人軸」になるわけです。

また、「何でもいい」という言葉をよく使うというのは、「得をすれば何でもいい」

という意味で、「自分」というものがありません。「自分」のない人に果たして魅力があるでしょうか。

知人から聞いて面白いと思った言葉があります。「〝あなたでいい〟と思われるか、〝あなたがいい〟と思われるか。似た言葉だけど、内容は全然違います」と。「あなたでいい」と言われる人は、代わりのいる存在。一方、「あなたがいい」と言われたら、唯一無二の存在だということです。だとすれば、やはり「あなたがいい」と言われる人――魅力的な自分軸をもっている人になりたいものです。

では、どうすればいいのでしょうか。**「欲張りタイプ」の人はアンテナを張って情報をキャッチするのが得意。**これは大富豪になれるほどの素質です。「少しでも安く」「ちょっとでも得をしたい」といった節約の方向ではなく、「自分のお店を開きたい」「世界中を回りたい」など、自分を大事にしたり、輝かせたりするという目標に向けて欲張りになりましょう。きっと有益な情報や人脈をキャッチできるはずです。

さらにそれだけで満足せず、「自分はこうしたい」ということを遠慮なくアピールすることも大切です。安いお店を探して、並ぶこともいとわない行動力を、自分の未来をさらに開いていくために使ってください。

他人任せタイプ

いい意味での「他人任せ」が自分にもプラスを呼びこむ

文字通り、さまざまな判断を人任せにしてしまうタイプです。必ずしも自分の意見がないというわけではありません。成長過程において自分で意思決定や決断する機会が少なかったために、まず他人や世間の価値基準に照らし合わせてから決めようとするのです。親が厳しかったり教育熱心だったりすると、このタイプになりやすい傾向があります。

親から独立した後も、テレビやネットで「○○が体にいい」と評判になっていたら買う。お店で「今、売れていますよ」と言われたら買う。**自分の体質に合っているか、自分が欲しいかどうかは後回しなのです。**

他人任せとは情報任せでもあります。情報や他人を気にして、夜中までネットサーフィンなどをして熱心に情報収集をするので、寝不足になりがち。ここでもやはり健康や翌日の予定など自分のことは後回しにしています。

任せるのは「人」だけではありません。自分で考えたり工夫したりせず、便利グッズなどの道具に任せようとあれこれ買いこみます。ダイエット用のマシンや食品も同様です。しかし元々は自分の意思ではないので挫折する人がほとんど。使いこなせなかった便利グッズやダイエットマシンが部屋に放置されている場面もたくさん見てきました。

このように情報や人目を気にする「他人任せタイプ」ですが、他人目線で考えることが得意なので**「人のことをよく理解できる」人が多いのです。**

ですから自分にできることとできないことを選《よ》り分け、できないことは得意な人やセンスのある人にやってもらう、いい意味での「他人任せ」へと展開するのがおすすめです。そういう意味ではチームワークが求められる仕事やグループ活動に向いているタイプだといえるでしょう。

さらに、得意の情報収集で得た情報を必要としている人に提供してあげると、人に喜ばれ、仕事や活動もスムーズになり、結果的に自分にとってもプラスになるでしょう。

後回しタイプ

あなた自身の価値を高めることを最優先に

使っていない家電製品、読み終えた雑誌……。片づけたほうがいいとわかっているけど、「今日は出かけるから」「今度のゴミの日にまとめよう」とついつい後回し。

実は私も、この傾向が一番強かったような気がします。常に「時間がない」と言いながら、やみくもに働いていました。家に帰ったときには疲れ切っているので、とても片づけには手が回りません。散らかった部屋でリラックスできないまま過ごし、朝になればまた仕事に出かける日々でした。妻からは「それだけ働いていたら、もっと稼げてもいいんじゃない？」と言われたものです。

あるとき、ふと硬貨を磨こうと思い立ちました。ペッパーソースでサビを落として歯磨き粉で磨くと、硬貨はキラキラと輝き始めます。「元々はこんなふうに輝いてたんだなあ」と眺めていると、「自分も、本来の自身の価値を大事にした働き方ができていないのではないか」と気がつきました。自分自身が大事にしていない自分を、他人が大事にしてくれるはずがありません。

そのときから、自分をどう大事にするかという軸をもとに働くようになりました。自分のやりたい分野を優先していると自分の言動も一貫していきます。するとあれこれ考えこんだり、長時間働いたりしなくても、アイデアが生まれ、何をすべきかが判断しやすくなったのです。自分から生まれたアイデアを実行に移すのは、苦痛どころか楽しいものです。さらに「もっとこうしたらどうだろう」と行動も前倒しになってきました。そうなると仕事がスムーズになり、ますます面白くなります。

後回しにするということは、それほど重要ではないと思っているからです。でも本当に「それほど重要ではない」のでしょうか。**部屋に捨てたいものをためこんでリラックスできないまま過ごしながら、人の予定や都合に振り回されているとしたら、あなた自身の「価値」はどうやって磨かれていくのでしょう。**

後回しタイプの人は、今は優先順位が他人軸になってしまい、的がずれているだけです。そのため、本来もっとも大事にすべき自分のことが後回しになっているのです。自分にとっての重要度を明確にして、自分ごとの優先順位を大事にすれば、仕事もプライベートもあっという間に効率が上がり、あなた自身が輝き始めるはずです。

未練がちタイプ

思いこみを手放して、今の自分を全力で輝かせよう

よく過去のことを思い出し、また過去のものが捨てられない。そんな未練がちタイプの人は、わき上がった感情をその瞬間瞬間に消化していません。そのために**消化し切れない感情をまた味わおうとする脳の働きが起こりやすい傾向があります。**

たとえば子育てや親子関係において、「本当はこうしたかった（してほしかった）のに」という気持ちが根強く残っていて、ある時点で爆発するかのように極端な言動に出てしまう人がいます。過去そのものに執着しているというよりは、「こうしたかった」という思いや感情に執着しているといえるでしょう。

「過去のほうがよかった」と思いこんでいる人も多くいます。「若い頃が一番よかった」と思っている人は昔の服が捨てられません。1、2着ならいいのですが、何も手放せないというのは、今の自分を受け入れられず、現実逃避をしているように見えます。

「作り笑顔」が多いのも特徴です。他人に対して素の自分を出せない、何か取り繕《つくろ》って関わらざるを得ないという人が少なくありません。出せない部分にまた何らかの執着や未練があるのです。

「直感でいいと思っても、すぐには決断できない」というのは、自分の感覚が信頼できていないということです。自分の感情をその場その場で消化し、未練のない生き方をしている人には決断力があります。しかし未練がちな人は「本当にこれでいいのかな」「いいと思うけど、間違っていたらどうしよう」と、過去の経験を参考にしすぎてしまうことが多く、なかなか決断できません。

そんな未練がちな人には、実はカリスマ性のある人が多いのです。「アイドルにハマっている」というのは、未消化な感情をアイドルに重ねて昇華しているから。アイドルではなく自分にこそ光を当ててあげるべきなのです。

若い頃の自分は輝いていたけれど、今の自分は衰《おとろ》えるばかりという思いこみを手放しましょう。今の自分をありのまま認めて、思いや感情を全面的に出すことで、より魅力的で人に影響を与える存在になる人が多いのです。**今の自分を尊重すれば、決断を正解にしていくことができます。**今の自分の魅力を再発見してください。

しまいこみタイプ

準備能力を未来の自分のために活かそう

「いつか使うかも」としまいこんだものがどんどんたまり、どこに何がどれだけあるかもわからなくなってしまう。このタイプの人は、明確に未来を見通す力が弱い傾向が見られます。たとえば、**「いつかって、じゃあいつ使うの？」とたずねられたら答えられないなんてことはありませんか。**

ささやかなことでも物事を明確にしていくのは大切です。「いつか」という言葉で曖昧に先送りすると、何事も片づきません。しかし逆に言えば、曖昧にしたほうが心理的には「ラク」なのです。たとえば話し合いをするときに、テーブルの上を片づけて、何も置いていないスッキリした状態で話をすると嘘をつけません。間を遮《さえぎ》るものがなく、向き合わざるを得ないからです。逆にごちゃごちゃといろいろなものが置いてある状態だと、お互いに意識が分散されて心理的にラクにはなります。

自分自身についても同じ。スッキリとした世界より、ごちゃごちゃとした雑多な環

境のほうが心理的にはラクな面があります。自分も雑多なものに紛れて、曖昧な存在になるような感覚ですね。しかし**人生をより豊かに過ごすには、自分も環境も明確にしたほうがいいのです。**傷つくこともあるかもしれませんが、長期的にとらえれば「こんなはずじゃなかった」と後悔することは少なくなります。また、「傷ついてでも本当に自分の望むことをする」と覚悟を決めると、不思議とかえって傷つくことが少なくなるのも事実です。

「もっと収納が多ければ片づく」と思うのは、未来を考えるより「とにかく今、ラクになりたい」という心理。捨てられないけど視界に入らないようにしたいという「その場しのぎ」の感覚です。

しかし「他人から気が利くと言われる」のをはじめ、さまざまなことを感じ取るセンサーは敏感ですし、備える力もあります。せっかくの力をこれからは未来の自分が成功するために使っていきましょう。「自分の未来はこうなるから、そのためにこれを準備しておこう」という発想に切り替えると、うまくいく流れが現実として生まれてくるでしょう。

⬅次ページからの「場所別トレーニング」で実践！

場所別トレーニング

玄関

たまっていませんか？
貧乏神が大好きな不用品

A いつか捨てようと思っている家電

⇒72ページへ

B 履かなくなった靴

⇒73ページへ

C 使わないビニール傘

⇒75ページへ

D おみやげの置き物

⇒76ページへ

「玄関は家の顔」といわれますが、住んでいる人はつい、その意識を忘れがち。リビングや押し入れからはみ出したものが集まりやすい場所でもあります。一度、来客になったつもりで玄関のドアを開けて、見回してみましょう。

いつか捨てようと思っている家電

期限を決めてアクションを起こそう

使わなくなった石油ストーブや吸いこみが悪くなって買い替えた掃除機。粗大ゴミを捨てるには手続きやお金が必要ですから、「いつか」と思って玄関に放置しているうちにすっかり「置き物」のようになってしまった。その家の人たちにとってはもう目に入ってこないほど「当たり前の風景」になってしまっていても、外から来た人は「どうしてここにこんなものが?」とギョッとするでしょう。

ほこりをかぶった古い家電が玄関先にあるという様子が、自分の目指す姿にふさわしいかどうかを考えると、それらの存在に違和感を覚えるのではないでしょうか。1週間以内など期限を決めて、処分への具体的アクションをとりましょう。ふだんのゴミ収集に出せないもので、処分方法がわからなければ自治体などにたずねると捨てる手順を教えてもらうことができます。具体的な行動につながる情報を得て、役割を終えたものは手放していきましょう。

履かなくなった靴

今、自分がしたいファッションに合うかを考える

「オシャレは足元から」といわれます。私も妻もファッションに興味があり、一緒に服や靴を見て回ったり、ショッピングしたりする時間を楽しんでいます。

以前は何年も同じものを着用していましたが、最近は基本的に1年ごとに切り替えるようになりました。靴も同様で、ある程度履いたら、新しいものへと切り替えます。

「まだ履けるかどうか」よりも、「今、自分がしたいファッションに合っているか」というのが判断の基準。「違うな」と思ったら、もう自分にとってその靴の賞味期限は終わっていると考えます。

靴箱を開けると、長い間履いていない靴が何足もあるという人は多いのではないでしょうか。靴と服は関連しています。「この服にはこの靴」というこだわりのある人もいるでしょう。

ためこみやすいのは
しまいこみタイプ

履いていない靴が捨てられないという人のクローゼットは、やはり着ていない服でいっぱいになりがちです。そういう人は、靴をちゃんと選べるようになればクローゼットもスッキリしやすくなります。

靴も服も多いという人は、人にどう見られるかを気にする人が多く、会う人に合わせてファッションを選びます。「自分をこう表現したい」という発想がありません。

会う人が増えるほど靴や服の数も増えていくことになります。しかも色やデザインに一貫性がなく、組み合わせるのが難しい。「自分に似合う」「自分らしい」という視点ではなく、「あの人に会うときはこれ」「あそこに行くときはこれ」と人や場面に合わせて選ぶからです。

しかし「自分はこうなんだ」というものが明確にあれば、人や場面に合わせる必要はありません。

「ありたい自分を表現しているか」という視点で選ぶので、別々に買っても自《おの》ずと一貫した雰囲気になります。組み合わせても違和感なく使い勝手がよいので、必然的に数も絞られ、無駄な出費も減るでしょう。

使わないビニール傘

! みんなに使ってもらって手放す

「ビニール傘ほど、なくさない」という人がいました。それなりにお金を出して買った傘ほど電車やお店に置き忘れてしまうのに、出先で雨に降られて仕方なく買ったビニール傘は忘れずに持って帰る。結果的にビニール傘ばかりが家にある、と。

これは心理学的に説明できることで、ビニール傘は手軽で手に入れやすく、ある意味「当たり前の存在」だからこそ忘れることがありません。そしてしょっちゅう使っているはずです。

しかし「ちょっと高かった、特別な傘」は近所のコンビニに行くときは使わず、気の張る場所へ出かけるときに「ビニール傘ではみっともない」と思って出してくる。このように持ち慣れていない特別な傘、つまり自分と一体になっていない傘は、意識にのぼりにくく忘れやすいのです。

ビニール傘が一概に悪いというわけではありません。ただ、しょっちゅう出先で

買っては持ち帰り、結果的に使わないビニール傘が何本もあるのはどうかということです。**使わないものは雨が降りそうなときに来客に使ってもらったり、職場などへ持って行って、置き傘としてみんなで使ったりするなどして手放しましょう。**

そしてお気に入りの傘があるなら、大事にしまっておくのではなく、どんどん使って「自分のもの」という意識をもちましょう。大事なものを大切に使うという発想が定着すれば、置き忘れることもなくなるはずです。

おみやげの置き物

！ もの自体を気に入っているのか、思い出に執着しているのか問いかける

観光地のおみやげ物屋さんに置き物が並んでいる風景はなじみ深いものです。最近はデザインも多様で工夫を凝《こ》らしたものが多く、旅の興奮もあってつい買ってしまいがち。あるいは家族へのおみやげとして買ったり、もらったりする人も多いのではな

いでしょうか。こうしたおみやげ品を玄関先に置いている家もよく見かけます。

しかし玄関は、家に入って最初に目に入る場所です。そこにあるものとして「**ふさわしい」と本当に思えるかどうかを見直してみましょう。**

自分で買ったにしろ、誰かにもらったにしろ、自分の家の雰囲気に合っているかどうか。自分自身が本当に気に入っているのかどうか。何となく置いているうちに次第に増えてしまい、統一感のない空間になってはいないか――。

おみやげ品が手放せないというのは、過去に対する未練とつながっています。旅の過去をなつかしむものとしてではなく、未来への希望や期待へと転換していきましょう。私も旅先でおみやげを買うことがありますが、その土地の食べ物をはじめ、消耗品を買うようにしています。旅はその瞬間瞬間に楽しみ、味わい、心に残る思い出を大切にして、「さあ、次はどこへ行こうか」と未来に意識を向けるのです。

大事な思い出はあなたの心に残っているはず。思い出とものとを切り離し、未練と一緒に手放しましょう。

リビング

たまっていませんか？
貧乏神が大好きな不用品

A 読み終えた雑誌

⇒80ページへ

B 干からびた観葉植物

⇒81ページへ

C 多すぎる置き物　好みでないプレゼント

⇒83ページへ

D 食べかけのお菓子　書きかけの書類

⇒84ページへ

リビングは家族みんなの居場所です。だからこそ、それぞれの持ち物が集まり、雑然としがち。それが当たり前の風景になっているお家も多いのではないでしょうか。本当にリラックスするためにリビングに必要なものは何か、見直してみましょう。

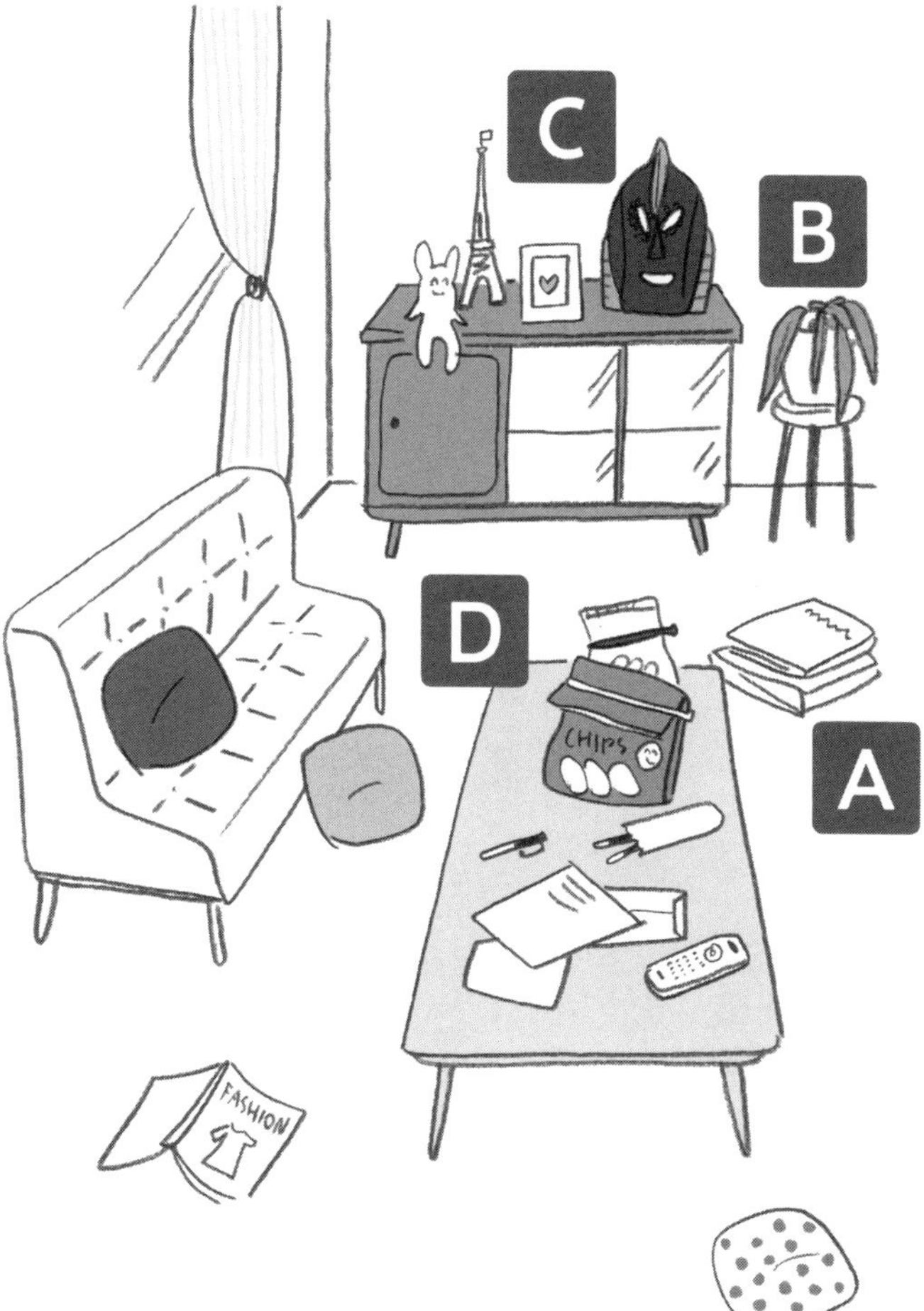

読み終えた雑誌

ためこみやすいのは

未練がちタイプ
後回しタイプ

「いつ読むのか」をはっきり答えられるものだけ残そう

「後で読もう」「このページは取っておきたい」と思い、積み上げたままの雑誌。

雑誌は新鮮な情報が豊富ですが、後でと思っているうちに、情報は古くなってしまっています。せっかく切り抜いた記事もしまいこんだまま、忘れてしまうという人も少なくないのではないでしょうか。

本当に「後で読みたい」「切り抜きをしたい」と思うのであれば、それができる時間はいつ確保できるのか具体的に考えましょう。

時間が取れないなら、今の自分にとってその雑誌を読むことの優先順位が低いと割り切って手放します。

また読みたい記事を写真に撮ってデータとして残すのもいいですね。煩雑《はんざつ》な整理や管理からも解放されます。

干からびた観葉植物

ためこみやすいのは

欲張りタイプ

！癒しをくれたことに感謝して処分を

観葉植物が部屋にあるとホッとする人は多いでしょう。生きているもののパワーや癒しをもらえます。植物は生き物ですから、寿命をまっとうして枯れてしまうのは仕方ありません。鉢や土の処分を面倒に思うのかもしれませんが、役目を終えた植物に感謝の気持ちを抱き、処分方法がわからないのであれば調べて手放しましょう。

また、あなたの部屋に干からびてしまった観葉植物が放置されているなら、購入してから毎日気にかけて世話ができていたかどうかを今一度思い返してみてほしいのです。

特に欲張りタイプの人にありがちだと思うのは、**「あれもこれも」と欲張ってしまい、結局どれも大事にできない**というところです。

観葉植物も、お店で見たときには「こんな植物が部屋にあったらすてきだな」と思ったはず。しかしいざ自分のものになると、今度はまた別のことに関心が移ってしまい、世話を忘れてしまうなんてことはありませんか。ものは枯れませんが、植物は生き物ですから死んでしまいます。

運気を気にする人は、観葉植物が枯れると「私の運気が悪いからかな」と心配しますが、そうではありません。多くの人は外から運気を「もらおう」とします。そのためにせっせと神社などのパワースポット巡りをするわけですが、家に帰れば観葉植物が枯れている。気持ちと起きていることがちぐはぐですね。

観葉植物が運気を呼びこむとされているのは、植物そのものに運気があるからではありません。毎日気にかけて世話をして、育てていくことに意味があるのです。しかも、ただ機械的に水をやるだけではうまく育ちません。「少し元気がないから日に当ててみようか」「場所を移してみようか」「鉢が小さくなってきたかな」と細やかに目配り、気配りをする。その心持ちがあって初めて植物は健やかに育ちます。そしてそこから派生して運が広がっていくのです。

私も部屋に観葉植物を置いています。そして育ち方や様子を見て、世話をする自分が出すぎていないか、ぶれていないかをチェックします。自分の状態を映してくれる鏡のような意味で置いているのです。

多すぎる置き物　好みでないプレゼント

！「自分を表現しているかどうか」という視点で考える

誰かに言われたりコマーシャルを見たりして、自分自身の意思が明確でないまま反射的に意思決定をしていくと、部屋に置き物はどんどん増えていきます。プレゼントでもらうことも多いでしょう。どうしても増えがちなものの一つです。

好みではないプレゼントをもらうことが多い人は、自分自身をちゃんと表現できていない場合が多いものです。周りの人はあなたがどんな人かがわからないから、どこかズレたようなものが集まってくるわけです。

私はふだんから自分が好きなものや好きなことを周囲に話しています。たとえば龍や数字の「3」が好きで、それを日頃から発信していると、龍にまつわるものをいただいたり、「3」に関する情報が集まってきたりします。「面白いことが好きなんですよね」と話していると、「伊藤さん、こんな話を知っていますか」と面白い情報がやってきます。**自分が望むものを発信することがまずは大事です。**

すると一方で、望まないものや好みでないものは集まってこないようになります。
好みでないものが集まってくるときには、自分が好きなものや大事にしたいことなどがちゃんと発信できていないというサインとして受け止めましょう。

食べかけのお菓子　書きかけの書類

！「完了」のレベルを下げて、一つひとつに集中する習慣を

「やりかけ」のものが放置されているのは、注意や意識が分散しているのを示しています。片づかない人の傾向としてよく見られることですが、いろいろなところに意識が分散して、一つひとつのことに注意を向けるという習慣が抜けています。お菓子を食べながら「あ、そういえば」と何かを思い出してそのまま次の行動に移る。結果的に、あっちにもこっちにも未完のものがあるという状態です。

私もかつてはこんな状態でした。それを変えたいと思い、最初は一つのことを完了してから次にかかるという方法をとりました。しかしそれでは時間のかかる仕事に手をつけたとき、ほかの仕事が遅れてしまいます。そこで今は時間のかからない仕事を先にしたり、できるところからやってみたりと、**「小さな完了」をベースに進めていくようにしました。**すると全体のペースも速まり、物事が進むようになっています。

仕事でもプライベートでも、自分の中での「完了」のレベルを下げて、一つの「小さな完了」への到達に意識を集中すると、物事も部屋も片づきやすくなります。

また、イレギュラーなことがあっても対応できるよう、スケジュールをあえて空けておく「調整時間」をつくっておくのもおすすめです。何もなければ自分の自由時間として読書や片づけ、休憩に使ってリフレッシュしましょう。

場所別トレーニング

ダイニング

たまっていませんか？
貧乏神が大好きな不用品

A クーポン券　ポイントカード

⇒88ページへ

B 大量の割りばし　無料でもらった粗品

⇒90ページへ

C コンサートや映画、旅先のチケット

⇒92ページへ

D 多すぎる文房具

⇒94ページへ

ダイニングには食事をとるテーブルやラックなど、いわば「とりあえず置ける、またはしまえる場所」がたくさんあるため、行き場のないものが集まりがち。いるかどうかはっきりしないものが多く、いざ片づけようとするときに難しい場所です。自分の考え方を整理しながら、見直していきましょう。

クーポン券　ポイントカード

ためこみやすいのは

欲張りタイプ
他人任せタイプ

！自分がそれを使っているところを想像できなければ手放す

「お得」を強調されるクーポン券やポイントカード。

お店で「次回に値引きします」「20ポイントを貯めると３００円の割引きがあります」と説明されて「作りましょうか」と聞かれたら、つい「お願いします」と言ってしまいがちです。

その結果、ダイニングのテーブルや引き出しにいろいろなお店のクーポン券やポイントカードがたまってはいませんか？

いつのまにか使用期限が過ぎているというのも、よくあることです。

また、クーポン券やポイントカードがたまりがちな人はタイムセールや値引きにも弱く、必要以上のものを買ってしまう傾向があります。

どこを片づけるにしても基本軸は「今、必要かどうか」よりも「自分はどう生きたいのか」です。

漠然としてよくわからないという人は、まず将来の自分をできるだけ具体的にイメージしてみましょう。

たとえば「ものすごいお金持ちになりたい」と思ったら、そういう自分にふさわしいライフスタイルや部屋をイメージするのです。

どんな部屋に住み、どんなファッションでどのように暮らしているでしょうか。そんな理想のあなたの家にクーポン券やポイントカードが何枚もたまっているでしょうか？

「ある！　自分は1円も漏《も》らさず得をして成功するんだ」という信念があるなら、それでいいのです。

しかし「いや、きっとないよね」と思うなら、手放しましょう。

クーポン券やポイント、値引きに踊らされて、必要以上にお金を使ってしまう機会が減るはずです。

大量の割りばし　無料でもらった粗品

ためこみやすいのは

欲張りタイプ
しまいこみタイプ

！無料のものをためこむことと、暮らしの場を整えること、どちらが大事？

欲しかったわけでも今すぐ必要だったわけでもなく、ただ「もらえるものはもらっておく」。

これもクーポン券やポイントカードと同様、将来の理想の自分は受け取るだろうかと考えてみましょう。「タダならもらっておきましょう」と何でももらい、ためこむ自分が理想の自分でしょうか。

「将来、なりたい自分になった自分を想像して考えてください」と言うと、「そんな大それたこと、考えられません」と言う人がいます。それも無理はないのです。

たとえばすばらしい講演を聞いて感銘を受けたとしましょう。

「よし！　自分もこれからは心機一転して頑張るぞ」と意《い》気《き》揚々《ようよう》と家に帰ってきて、部屋が乱雑だったりものがあふれていたりしたら、一気に気持ちがしぼんでしまうはずです。

人間はイメージで左右されます。**非日常の場面でいっときいくらすばらしいものを見ても、日常を過ごす場が整っていなければ、「ああ、やっぱり自分はこういうところで生きる人間なんだ」と思ってしまいます。**

逆に言えば、だからこそ「**自分にはできる**」という〝**自分を信じられる根拠**〟を**日々の生活の中で積み上げていくことが大事です。**有名な人、成功した人の話を聞くのも悪いことではありません。しかしそこにあなたが抱えている何らかの「しんどさ」の答えを求めるのは無理があります。その答えは、あなただけがもっているものだからです。

問題解決を外に求めるのではなく、自分自身の心の中へ問いかけるようなイメージで、部屋にあふれるものを見つめ直しましょう。

それでも、あふれんばかりの割りばしや無料の粗品は、あなたに必要でしょうか。まずは半分捨ててみるのがおすすめです。なくても困らないことが実感できると、必要以上にもらったりとっておいたりすることが減るでしょう。

コンサートや映画、旅先のチケット

！今も実際に「大事に」できているものは残してOK

こうしたものがたまっていくのは、捨てることで思い出まで捨ててしまうような気持ちになってしまうからでしょう。

私は捨てることをすすめたいわけではありません。むしろおすすめするのは「捨てない掃除」です。捨てるという行為には、ものに対する冷たい響きが感じられます。だからなおさら抵抗を感じる人がいるのだと思います。

結果的に「捨てる」にしても、決める前に「大切に感じてほしい」と、私は思っています。最初から捨てることを前提にせず、そのチケットを手にとり、記憶の中にある思い出をたどるのです。「面白かったなあ」「楽しかったなあ」と思い出を味わいましょう。

しかしどんなに味わっても味わっても追いつかないほどの数の思い出のものがあったら……そのうち飽きたり疲れたりしてくるのではないでしょうか。

私たちは、同時に多くのものを大切にすることはできません。

実際、片づけようとするまで、それらの半券は忘れられ、ほこりをかぶっていたのではないでしょうか。

たくさんのものを同じように大切にはできないと気づいたら、同時に本当に大切にすべきものが見えてきます。するとそれ以外のものは自然と手放されていきます。

「ものを捨てることができない」と悩んでいる人は多いのですが、実は「もの自体」が捨てられないのではなく、ものにくっついている「思い」が捨てられないのです。過去への執着であり、未練です。

しかし一つひとつと向き合ってみれば、ものを捨てることは思いを捨てることではないとわかるはず。ものを捨てたとしても、大切な思い出は心の中にあり続けるでしょう。

これらのものは実用的でないぶん、「いつか使うかも」と迷うことはなく、片づけのいいトレーニングになります。スクラップブックに貼るなど、実際に大事に扱っているものは残してもいいでしょう。

多すぎる文房具

！本当に「いいな」と思うものを見つける練習を

ペンケースにびっしりとペンを入れている人や、家のあちこちからボールペンや消しゴム、ホッチキスがいくつも出てくる人は珍しくありません。

しかし、それらの大量の文房具は、それぞれ実際にどれだけ使う機会があるでしょうか？

私が持っているのは、毎日書くノートと一緒に持ち歩くボールペンと2本のカラーペン。これだけです。

すべてに通じるのですが、私は自分が「いいな」と思ったものだけを使うようにしています。間に合わせではなく、自分の欲求やセンスに合うものを使う。こうやって自分の感覚を洗練させていくことがとても大事だからです。

「自分の感覚を洗練させていく」とは、見かけやブランドではなく、自分が本当に

好きなものを見つける力を磨くことです。

ペン1本にしても「書ければいい」ですませない。「そんなこと、気にしたこともない」という人も、よく考えれば、好きな形や色、書くときの感触や線の太さなど、必ず好みがあるはずです。そういうことを一つひとつ意識して選ぶ習慣をもつのです。

自分の身の回りをそうやって整えていく中で、人間関係についての感覚も必ず磨かれていきます。「文学好きな自分と話の合いそうな人」「一緒にアウトドアを楽しめる人」と、具体的な価値観や生き方をもとに、気の合う仲間や友人探しができるはずです。

さあ、まずは「これが好き！」と思えるペンを見つけ出してみましょう。

好きなものを見つける力を磨くことで、買い物をするときにも本当に好きなものだけを選ぶことができ、出費も抑えられるようになっていきます。

ダイニング

場所別トレーニング

クローゼット

たまっていませんか？ 貧乏神が大好きな不用品

A 痩せたら着ようと思っている服

⇒98ページへ

B ブランド品の古いバッグ

⇒99ページへ

C 古い除湿剤

⇒101ページへ

D 着なくなった服

⇒102ページへ

E クリーニング代が高くつくワンピース

⇒103ページへ

クローゼットは押し入れ同様、扉を閉めてしまうと中が見えません。そのためつい、「とりあえずクローゼットへ」と詰めこんでしまいます。開けるとぐちゃぐちゃにものが詰めこんであり、今着たい服を出すのも大変という人も少なくないのではないでしょうか。

痩せたら着ようと思っている服

！「今の自分」にふさわしいかどうかを考える

若い頃、痩せていた頃の服を手放せない人は多いですね。まさに「未練」です。「年を重ねて太ってしまった自分」はみっともない、みじめ、もう希望はないと決めつけ、過去の自分にとらわれ続けている。何ともったいないことでしょう。

解説ページで、未練がちタイプの人はカリスマ性のある人が多いと書きました。クローゼットで眠っている服は今すぐ着てみて、「今の自分にふさわしいかどうか」という観点で見直してみましょう。

以前は「この年代ならこんなファッション」とメーカーも決めつけ、選択肢がとても少なかったものですが、最近は違います。色もデザインも洗練されたものがたくさんありますし、メーカーが対象とするイメージにとらわれる必要もありません。

買わなくてもいいので、いろいろなお店を見て回り、試着をすすめられたらどんどん着てみましょう。今の服を着ている今の自分と向き合うのです。ファッションのプ

ロである店員さんが着こなしのアドバイスもしてくれるはず。そうすると不思議なことにどんどん洗練されていきます。

靴と同様、私は「今の自分には違うな」と感じた服はどんどん手放します。そうすることで、自分自身の「今」がより深くわかってきます。もともとはとても気に入って手に入れたもので、さんざん着ていたものですから、手放すときには罪悪感や未練はありません。「大切に着た。ありがとう」という気持ちで手放せます。

今の自分を生き切ることで、未練から自由になれます。

ブランド品の古いバッグ

! 今すぐ使ってみよう。「やっぱり違う」と感じたら手放す

高級ブランド品だからと、古くなっても捨てられない。クローゼットを開けると、そんなバッグがぎっしりと詰めこまれている――。

クローゼット

古いものでも大切に使っているならいいのです。きれいに手入れされた古い型のバッグや靴を身につけた人を見かけると、すてきだなあと思います。まさにヴィンテージ。

しかし手入れもせず、くすんでしまったものを「ブランド品だから」という理由で手放せないのは、世間の価値観を軸にしてしまっているから。

靴もそうですが、バッグも使わないでいると劣化が進みます。手放すのに抵抗があるなら、今すぐ使ってみましょう。

「あら、やっぱり素敵だわ」と思うならそのまま使えばいいのです。けれど型くずれしたり重すぎたりして、使いにくいということも少なくないのでは。それが実感できれば、すんなりと手放せるでしょう。

ブランドにこだわるという他人軸の生き方に気づき、あなたらしさを表現してくれるすてきなバッグを見つけてください。

古い除湿剤

「大切な自分」の部屋を清潔に保つ重要性を見直して

水がたっぷりたまった除湿剤など、いらないに決まっています。しかし玄関先の古い家電などと同じく、処理の手間を面倒と感じて後回しにしてしまうのでしょう。

かつては役に立ってくれた除湿剤も、こうなってしまってはカビや悪臭の原因にもなるゴミにすぎません。**大切な「自分」の日々の生活の場を清潔に保つという観点で見れば、古い除湿剤の処理は最優先になるはずです。**

また、除湿剤を置いていたことを忘れてしまっていた場合も問題です。それほどクローゼットに服がぎっしり詰まっていた、ということはないでしょうか。ほかの項目を参考にして、服も整理していきましょう。

着なくなった服

! すぐ取り出せる場所、よく見える場所に置いてみよう

「今年は着なかったけど、来年はまた着るかも」。衣替えをしても1枚も手放すことなく、しまいこむ。未来を見通すことが苦手な「しまいこみタイプ」にありがちなことです。しまいこんだまま忘れて、セールでまた同じような服を買ってしまうなんてことはないでしょうか。

しまいこまれたものの多くは、実は不用品。しまいこんだまま忘れているという事実が何よりの証拠です。しかしいったん取り出してみると「また着るかも」と思ってしまう。

「着るか着ないか」を考える前に、**見える場所やすぐに取り出せる場所に置くなり、ハンガーにかけて吊《つ》るすなりしてみましょう**。それをきっかけに再び着るようになればそれでよし。逆に「邪魔だなあ」と感じたら、手放すときだということです。

クリーニング代が高くつくワンピース

！ どうしてその服を気に入っているのか振り返ろう

お店で見たときはとても気に入ったし、実際に似合っている服。しかし生地が特殊でメンテナンスにお金や手間がかかり、めったに着ない服。特別な日に着ようと思っているうちに何年も過ぎていた……クローゼットにはそんな服もよく見られます。

服を選ぶとき、似合うかどうかはもちろん大切ですが、自分の生活にどう活かせるのかを考えるのはもっと大切です。自分がどんな時間を大切にし、誰とどう過ごしたいと思っているのか。そこにその服はどんな役割を果たしてくれるのでしょうか。

周りから「すてきだね」と褒められたから手放すのが惜しいというのは、やっぱり「他人軸」。自分の生き方を他人に委《ゆだ》ねてしまっています。

お金や手間がかかるからという理由で捨ててしまうと、同じ過ちを繰り返す可能性があります。「**自分の望む生き方に、この服はどんなふうに役立つだろうか**」という視点で見れば、答えが見え、その服への思いや扱い方が変わってくるでしょう。

場所別トレーニング

トイレ

たまっていませんか？
貧乏神が大好きな不用品

A 古い芳香剤
使い古したトイレブラシ

⇒106ページへ

B 何となく飾ってある置き物
積み重ねたトイレットペーパー

⇒107ページへ

トイレは緊張と緩和をつくる場所。「トイレでアイデアがひらめきやすい」「冷静に考えたいことはトイレで」という人もいるように、フッと力が抜けた瞬間は、新しい発想が生まれるのに適した瞬間でもあります。トイレに対して汚いイメージをもち、心地よくすることをあきらめている人は、損をしているかもしれません。

古い芳香剤　使い古したトイレブラシ

ためこみやすいのは
後回しタイプ

! それを目にしてリラックスできているのか考える

いつのまにかしなびて、香りのしなくなった芳香剤。うっすらほこりをかぶって、見るからにわびしい雰囲気が漂います。トイレに入ったときには「あ、替えなきゃ」と思っても、出るときにはもう忘れてしまっているなんてことはありませんか。

出先で汚くわびしいトイレに入ると、落ち着かないでしょう。用は足せても、気持ちはスッキリしないはず。「早くここから出たい」とも思うでしょう。

古い芳香剤が放置してある今のトイレは、見慣れているだけで、あなたを本当の意味ではリラックスさせていません。使い古したトイレブラシも同じです。きれいにするためのものなのに、湿っぽくて汚れもたまり、自分で触れるのもためらってしまう。役目はとっくに果たしてくれているのですから、どんどん手放していきましょう。

何となく飾ってある置き物　積み重ねたトイレットペーパー

！家族にとって「快適な場所」にするものを集めてみる

リビングにあったものを「そろそろ飽きてきたからトイレにでも置こうか」と持ってきた置き物。「途中で切れたら困るから」と、積み重ねたトイレットペーパー。どうせならと、あれもこれもと取りこむ欲張りタイプの持ち味が表れた光景です。この「ものを集める」方向を、ぜひ「情報を集める」方向へと転換しましょう。

高速道路に併設されたレジャー施設が人気だと聞き、行ったことがあります。そこの男性トイレはとても洗練されて気持ちがよく、女性トイレはさらにラグジュアリー感満載だそうで、そのトイレを見るために人が集まってくるそうです。「楽しんでほしい」「リフレッシュしてほしい」という気持ちがトイレに集約され、注目と人気を集めるのだと思います。自宅のトイレも「家族しか使わないから」ではなく、大切な家族だからこそ、**家族全員が快適に過ごせて、リラックスできるトイレとはどんな空間なのか**、いろいろなトイレを参考にしながら考えてみましょう。

場所別トレーニング

押し入れ

たまっていませんか？
貧乏神が大好きな不用品

A 毛糸　刺しゅう糸

⇒110ページへ

B 趣味に合わない引き出物

⇒111ページへ

C 昔ハマった趣味の用品

⇒112ページへ

D 数年間一度も開けていない箱

⇒113ページへ

E 空き箱　空き缶

⇒115ページへ

F 必要以上の布団

⇒116ページへ

G 写真　手紙　思い出の品

⇒118ページへ

お子さんのいるご家庭は、特に「思い出の品」がたまりやすい傾向があります。手放したらもう手に入らない、お金では買えないものを片づけていくのは難しいですが、自分と向き合う大きなチャンスでもあります。漠然とした不安を、押し入れにしまいこむように隠すのではなく、ちゃんと見直してみましょう。

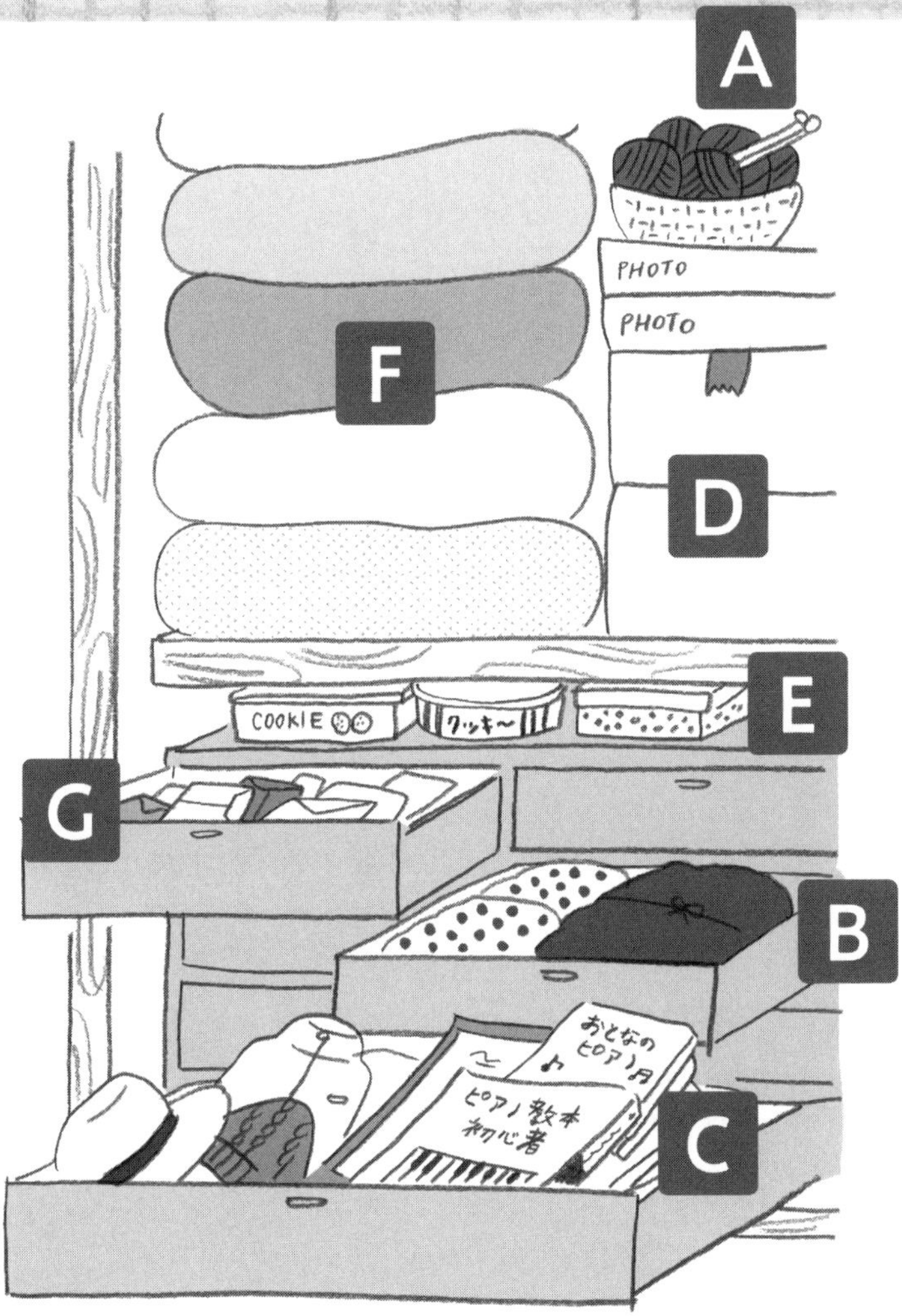

毛糸　刺しゅう糸

使う期限を決めよう。時間がつくれなければ、今のあなたには不必要

「時間ができたとき」や「老後の楽しみ」として手芸グッズをとっておくクライアントさんが多いと感じます。

しかし、**今、想定する「時間ができたとき」「老後の楽しみ」が必ずしも未来の楽しみになっているとは限りません。**

明確に「将来はこうなる」というビジョンがあるならいいのですが、その場合もビジョンを実現した自分は、趣味も好みの色も大きく変化しているかもしれません。するとやっぱり「とっておいてよかった」と未来の自分が喜ぶものではないでしょう。

もし編み物や刺しゅうを楽しみたいなら、今、そのための時間をつくりましょう。

1週間以内など期限を決めて、それまでに時間がつくれなければ、今のあなたにとって必要ではないのです。

割り切って手放すと、今本当にやりたいことが見えてくるはずです。

趣味に合わない引き出物

プレゼントは気持ちを受け取れば十分

大勢に配られる引き出物は、自分の趣味に合わない可能性が高いものでもあります。それでもやっぱり手放せない。「いつか使うかも」としまいこんでしまいがちですね。

もし使ったとしても、自分がいいと思って選んでいませんから、ほかのものとのバランスもよくないはず。

私はたとえ自分のために選んでくれたものでも、心から「いいな」と思えないものはすぐに手放すようにしています。

私を思ってくれた気持ちは、「ありがとう」と受け取ったことでちゃんと成り立っていると思うからです。いただいたものをすべて手元に残していくと、他人の価値観に囲まれて大変なことになってしまうでしょう。

罪悪感をもつ人がいるかもしれません。しかし、他人の価値観を何でもかんでも受け入れてしまうから、自分自身が曖昧になってしまうのです。
感謝して気持ちだけを受け取る。それで十分なのです。

昔ハマった趣味の用品

！今すぐ道具に触れてみよう

ピアノの教本、ゴルフの道具など、一時期ハマっていた趣味の用品を手放せないのは、思い出への未練です。ピアノやゴルフそのものをまたやりたいというよりも、ピアノやゴルフに夢中になっていた過去に未練があるのです。

またやりたいと思うなら、「そのうち」などと思わず、今すぐやりましょう。少し触ってみれば、わくわくする感覚が戻ってくるかどうか、すぐわかります。

ハマった趣味から離れるには、何らかの理由があったはず。

それは忘れてしまい、輝いていた過去の記憶だけが残っているのではないでしょうか。古びてくすんでしまった用品は、使い勝手も悪くなっているものです。かといって新しいものを買う気持ちにもなれないのであれば、やはり今の自分にとってその趣味はもう関心事ではないのです。

それが大切だった頃を思い出し、今の自分には必要でないことを確認したら、自然と手放せるはず。

そして、今、楽しいと思うことに目を向けましょう。

数年間一度も開けていない箱

！ 成長した未来の自分にとってその箱は必要か？

いるか、いらないか。判断を後回しにしたものをまとめてしまいこみ、そのまま忘れてしまった……そんな箱がどの家にもあるのではないでしょうか。

数年間一度も開けていないなら、少なくとも今の自分に必要なものはないはず。そのまま分別してゴミとして出してもいいですね。

ただ、何も考えずにそのまま捨ててしまうと、また同じことが繰り返されるでしょう。「いるかいらないか、今はわからないからとりあえずしまっておこう」という考え方を見直す必要があります。

つまり、**「今、判断できないものが、果たして将来は判断できるのか」**ということです。「自分軸」で考えることを意識しましょう。

自分軸とは、自分にとっての重要度。「いつか子どもが使うかもしれない」「いつか欲しいという人が出てくるかもしれない」という基準ではなく、「将来、自分はこうなっている」という明確なイメージをもつこと。そうなっている自分がそれを本当に必要としているかどうかという観点で、ものを見るということです。

今の自分よりもさらに成長している自分が、何年も開けていない箱に入っているものを必要とするでしょうか。

そう考えていくと、自ずと答えは見えてきますね。

空き箱　空き缶

！「どう活かせるか」を今すぐ考える

きれいな空き箱や空き缶を捨てるのは、抵抗を感じるものです。小物入れや飾りとして再利用すると、罪悪感をもたずにすみます。

しかしそうしていると、ものはどんどんあふれてきます。

私はこう考えます。そもそもきれいな空き箱や空き缶は、自分の手元に届いた時点で役割を十分に果たしてくれたのだと。

「きれいな箱だなあ」「すてきなデザインの缶だな」と感激したことで、ものとしての役割は果たしてくれているので、手放しても罪悪感をもつ必要はありません。

必要以上の罪悪感をもってしまうのは、自分の価値観がまとまっていないからです。

他人のいろいろな価値観が混ざりこんでいるので、「もったいない」「再利用すべきじゃないか」「今、小物入れは間に合っているけど」と、いろいろな感情が入り乱れて判断ができません。

本当に「もったいないから再利用すべきだ」と思うのであれば、具体的に再利用すればよいのです。

しかし多くは「何となく」そのあたりに置かれ、そのまま忘れられます。それではただ捨てることができず、放置しただけです。

もったいないなら、どう活かし切るかまでを考える。それが浮かばないなら、自分には必要ないということです。きれいだなあと思う気持ちを大切に、そのまま手放しましょう。

必要以上の布団

！ 年に数度の来客と、自分の生活のどちらが大事？

3人家族なのに、布団は5組、それも夏用と冬用が揃っている――。

年に何度かの来客のために、大きなスペースをとっているお家があります。これもまさに「他人軸」を大事にしすぎている典型といえるでしょう。

布団はかさばるのはもちろん、手入れも大変です。来客がないからとしまいこんだきりの布団は、いざというときに日に当てたり、カバーを点検したりと、手間がかかります。

無理をせず、宿をとってもらう。どうしても難しいなら布団のレンタルサービスを利用するなどの選択肢を考えてみては？

準備があるから受け入れざるを得ないわけで、「うちには家族分以外の布団がなくて」と言えばいいのです。

また、布団以外にも来客用の食器やタオル、スリッパなどいろいろなものがスペースをとっていませんか。それらが本当に必要なのかを見直してみましょう。

年に数度の来客より自分の生活のほうが大事。他人軸から自分軸に切り替えるチャンスです。

ためこみ
やすいのは

未練がちタイプ

写真　手紙　思い出の品

！元気が出るなら残してOK

過去にとらわれてしまう未練がちタイプの人の押し入れには、こういったものが詰めこまれています。

時々取り出して、元気が出るならかまいません。

しかし「あの頃はよかったなあ。でも今は……」と落ちこむなら、マイナスでしかないでしょう。

こうしたものを捨てるのは、思い出を否定することでも捨てることでもありません。

「大切に思う」気持ちで一つひとつ見てください。

量が多いほど、だんだん疲れてきて「もういい」という気持ちになるかもしれません。

そのとき、「また今度」と再びしまいこんでしまえば、同じことの繰り返しになります。ここで思い出してほしいのは**「人が大切にできるものには限りがある」**ということです。

それらの思い出は、あなたにとってたしかに大切でしょう。

しかし、過去のものばかり大切にしようとすると、今とこれから先の自分を大切にすることに力を割《さ》き切れないとは思いませんか。

大切に思っていても、今、整理する気になれなかったり、押し入れのスペースをとり過ぎていたりするものは、果たしてこれからのあなたをより輝かせてくれるものでしょうか。

自分がより成長するために気持ちを支えてくれると確信できるものは残して大切に保管しましょう。

考えてほしいのは「捨てるか、捨てないか」ではありません。

自分自身の「これから」を明確にイメージしましょう。

場所別トレーニング

台所

たまっていませんか？
貧乏神が大好きな不用品

A 期限切れの食品
使わなくなった調味料 ⇒122ページへ

B 使う機会の少ないキッチングッズ
⇒124ページへ

C 使う機会の少ない漆器
⇒125ページへ

D 使い捨てのお手拭き スプーン
フォーク ⇒126ページへ

E 使い切れていないダイエット食品
や健康食品 ⇒128ページへ

台所が片づかない人は、数字に弱く、時間観念の希薄な人が多いように見受けられます。「何がどれだけある、いつまでに使い切ろう」といった見通しを立てることを意識するだけで片づけは進みます。ストックは少ないほうが管理しやすく、重複して買ってしまうミスも防げます。

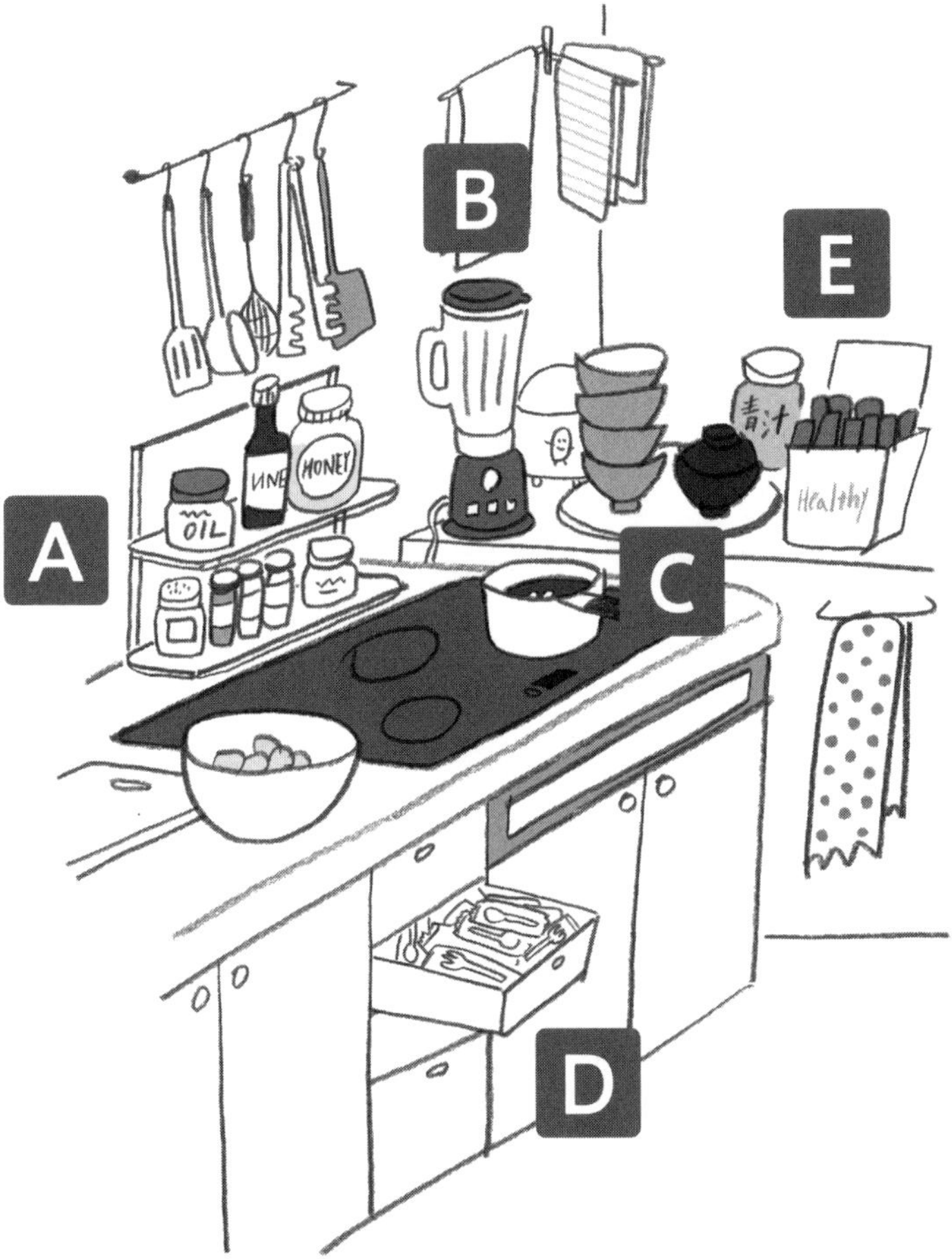

期限切れの食品
使わなくなった調味料

ためこみやすいのは

後回しタイプ

！目に入るところに置こう

新製品が出て「便利そう」「おいしそう」と好奇心で買った調味料やレトルト食品を使い切れなかったという経験は、多くの人があるのではないでしょうか。あるいはおみやげでいただいたりもしますね。

毎回の料理に使うものでなければ特に、しまいこんだまま忘れてしまいます。気がついたときにはとっくに期限切れということに。

期限切れのものを捨てるのは仕方ないことなので捨てやすいと思いますが、できるだけ繰り返さないようにしたいものです。

「買いたいものを買う」というのは何の問題もありません。家族に対しても同じ。自分の欲しいもの、家族が好きそうなものを買うのは楽しいことです。

自分が「いいな」と思って買ったなら、最後まで使い切れるよう、目に入るところ

に置きましょう。しまいこんでしまうとどうしても忘れがちになります。ここに時間観念が求められるところです。

結局使い切れないものが多くなってしまう人は、食品を買うときに今の自分の台所の状況を思い返すようにしてみましょう。

「今、同じような在庫がないか？」「最後まで使い切れるのか？」「どんなときに使うのか？」と具体的に考えることで、衝動買いや無駄な出費も減るでしょう。

しまいこんだり、どんどん新しいものを買ったりして、いつのまにか目が届かなくなってしまうものが多いという人も問題です。**欲張らずに自分で把握できる分だけを買うようにすることが、貧乏神を追い出す秘訣《ひけつ》です。**

いただきものの期限を切らしてしまうことが多いのであれば、もらったときに自分の好みでなければすぐに手放す習慣を。

「珍しい味みたいだけど、使ってみる？」と興味をもちそうな人に譲ったり、バザーなどに出したりするのもいいですね。

使う機会の少ないキッチングッズ

！ 今すぐ使おう。使いたいと思えないなら手放す

便利さをうたうキッチングッズは驚くほどいろいろなものが売られています。つい買ってしまいますが、使ってみると洗うのが面倒だったりして、これらも忘れがち、たまりがちです。存在を忘れられてしまいこまれたグッズがある人は、今日、料理をするときに使ってみましょう。**使いたいと思えない、もしくは近日中に使う予定が立たないなら、その便利グッズはあなたに役立ってくれているといえないのではないでしょうか。**

そもそも、便利グッズは「**自分にとって**」**本当に便利なのか**を考えましょう。たくさんの食材を一度に調理するときやケガをしたときなど、状況によっては便利なものもあるでしょう。しかし少量でよいときなどはかえって洗い物が増えるだけ、または使うための準備に手間がかかるとおっくうになって、結局「今日はいいや」となってしまっていませんか。自分にとって便利かどうかで判断しましょう。

使う機会の少ない漆器

使わないのに持ち続けている理由は？

上等な漆器《しっき》はあこがれの器です。雑誌などには漆器が上手にコーディネイトされて使われている写真が美しく掲載されています。

とはいえ、漆器はやはり手入れも必要ですし、好みやセンスによっては使いにくい場合があります。ここもやはり、自分にとって必要かという視点が大切です。

あるいは結婚したときなどに親に買ってもらったり譲ってもらったりした漆器を、使わないままだけど捨てることもできないという人もいるかもしれません。

大人になり、別々に住んでいても、母親の影響を受けている女性は多くいます。母親の「こんなふうにしなさいね」という言葉に縛られて、自分がいったい何を好きでどうしたいのかが「まったくわかりません」「そんなことは考えたこともなかった」という人も。

お祝い事があったときにとっておきの漆器を使うのが楽しいというなら、まったく

問題ありません。

ただ、何年も、場合によっては一度も使わないまま、台所のスペースを占領しているという状況ならば、なぜ持ち続けているのかを考えてみましょう。

使い捨てのお手拭き　スプーン　フォーク

！ 半分捨ててみよう。必要以上にストックしていたと痛感できる

お弁当などについていたプラスチックのスプーンやお手拭きなどを、使わずにためておく。「もったいない」精神も大切ですが、軸のぶれている人が多いような気がします。

本当にもったいないと思うなら、今すぐに使わない自分が受け取るのではなく、本当に必要な人へどんどん回していくのがいいのではないでしょうか。「今使うのはもったいないけど、いざというときのためにもらえるものはもらっておこう」というのは、資源や環境のことを考えているわけではありませんよね。そして使う前に古くなり、大掃除や引っ越しなどの機会に結局は捨ててしまう。本当にもったいないとは、このことではないでしょうか。

実際に、プラスチックのスプーンや使い捨てのお手拭きを使う場面はあまり多くないのではないかと思います。外でお手製のお弁当を食べるときも、家で使っているお箸などを持っていけば十分事足ります。むしろ、たとえ簡単なお弁当でも、「ちゃんとしたお箸で食べるとおいしく感じられる」と感じることが、まさに「自分軸」です。

ストックがたくさんある人は、まずは半分捨ててみましょう。なくても困らないことが実感でき、必要以上にもらおうとすることが減るでしょう。ストックとして持つとしても、何をいくつまで持つのかを決めておきましょう。**あるものを把握し、適切に使い切る。それが本来の「ものを大切にする心」です。**

使い切れていないダイエット食品や健康食品

！ 急いで結果を求めず、今日から使おう

若くて今より体力があった過去の自分を基準に今を考える未練がちタイプの人は、「これを飲めば若返る！」「いつまでも若く健康で！」というキャッチコピーに引っ張られがちです。

また、テレビなどメディアの影響を受けやすい他人任せタイプの人も要注意。

とはいえ、一度は試してみるのも大事です。

私もいろいろな人から「これはいいですよ」とさまざまなものをすすめられます。あきらかに「それは自分には必要ない」と思うものは聞き流しますが、「そうかな」と思ったら試してみます。

そこは私がとても大事にしているところで、極端に言うと100人が100人、「これは絶対にダメだ」と言っても、とりあえず自分自身で試してみようと考えます。

実際にやってみると、意外な発見をできることがあります。

「やりなさい」も「やめておきなさい」も、あくまで他人の意見です。

100人の他人には良くても、自分には向かないかもしれない。**反対に100人の他人には向かないものでも、自分には良いものかもしれません。そこをしっかりと意識しているかどうかで、ダイエットも健康維持も結果が違ってくるのです。**

これらの食品がたまってしまっている人は、どうして買ったのか、買ったときにどのような点を「いい」と思って買ったのかを思い返してみてください。

そして、しまいこんでいるだけではスペースをとるだけなので、目に入るところに置いて今日から使いましょう。

もし味などがどうしても好みに合わないのであれば、今後も使う機会はなく、さらに古くなっていくだけですから、自分には合わなかったのだとはっきりあきらめて処分しましょう。

場所別トレーニング

冷蔵庫

たまっていませんか？
貧乏神が大好きな不用品

A 納豆やお弁当についていた調味料（カラシ、タレなど）

⇒132ページへ

B いただきもののお菓子や飲み物

⇒133ページへ

C 飽きたまま放置してあるぬか床

⇒134ページへ

冷蔵庫は「とりあえず入れておけば大丈夫」とばかりに食品を詰めこんでしまいがちですが、やはり食べ物は放置していれば腐敗します。食品ロスが問題になっている今、家庭でもできるだけ避けたいですね。

納豆やお弁当についていた調味料（カラシ、タレなど）

！「とりあえず」の行動を見直そう

台所にたまりがちな使い捨てのスプーンやお手拭きなどに通じます。瞬間的に「もったいない」「いつか使う」と思ってしまいこんでしまう行動の根底にあるものを考えてみましょう。

お弁当や料理に調味料が少し必要なときに使おうと思っても、いざその場面になるとわざわざ冷蔵庫を開けてチェックしたり、小袋を開けて出すというのが面倒に思えたりして、最後には古くなって捨ててしまう。そんなことのほうが圧倒的に多いのでは。

自分の行動や思考のパターンを知っておくと、いるものといらないものが瞬時に判断できるし、いらないものを「いつか使うかも」という発想にならず、結果的にものがたまりません。小さなものであっても、やはりスタートは「自分軸」なのです。

使う機会があるが、ストック量よりも使う頻度のほうが少ない場合は、**ストックに**

持つ数を決めたり、1つストックを増やすときに1つ処分したりするなど、ルールを決めましょう。

いただきもののお菓子や飲み物

！断ることは悪いことではない

出先でちょっとしたお菓子や飲み物を「どうぞお持ち帰りください」と持たせていただくことがあります。何となく「ありがとうございます」と受け取りがちですが、よく見ると好みのものではなかったりして「とりあえず」と冷蔵庫にしまったまま、忘れてしまう。そういうものがたまると奥にあるものが見えづらくなり、ますます忘れられてしまいます。

断りづらいと思う人も多いようですが、断ることでこちらの価値観が明確に伝わります。

私の場合、講演などに行ったときに夜の食事会に誘われることがよくあります。食事会そのものが最初からセッティングされていた場合は「私は夜に食事をとらないので、みなさんで召し上がってください」と言います。翌日に仕事のあるときは、講演前に食事をすませ、講演が終わったらすぐに失礼して、できるだけ早めに寝て体調を整えるようにしているのです。

きちんと説明すれば納得してもらえます。かえって相手に余計な気を遣わせず、お互いの時間や労力を無駄にしないですむのではないでしょうか。

飽きたまま放置してあるぬか床

! 使う時間をつくれていないなら手放そう

「おいしいお漬物が食べたい」「自分で作ればいつでも食べられるし、安くつく」「手作りのぬか漬けって女子力高いかも！」……。

健康ブームやイメージでぬか漬けを始めたものの、だんだん飽きてきて、いつのまにぬか床を混ぜることもしなくなってしまった。いまや「フタを開けるのもこわい！」という状態に。

情報に敏感で行動力もある欲張りタイプが陥りがちなパターンです。

チャレンジしてみるのは悪くないのですが、**行動する前に、もっとも優先したいのは何かを確認しましょう。**

おいしいお漬物を食べたいのか。節約したいのか。いわゆる女子力を磨きたいのか。

自分軸を意識することで、その「ぬか床」が自分に必要なのかどうかが見えてくるはずです。今、そのぬか床を使う時間をつくれていなくて、その時間をつくる優先順位が低ければ手放しましょう。

洗面所 浴室

洗面所や浴室は収納場所が多くないため、ストックがあふれがち。水回りにものがあふれると、汚れも湿気もたまります。

たまっていませんか？
貧乏神が大好きな不用品

A 使い古しのタオル

⇒137ページへ

B 放置しているサンプル類

⇒138ページへ

C 多すぎるシャンプー類のボトル

⇒139ページへ

使い古しのタオル

！雑巾として手にとりやすい場所に置く

数えきれないほど洗って使い古し、ゴワゴワになったタオル。もう顔や手を拭くには硬すぎますが、「雑巾として使ってから捨てよう」と置いておくうちに増えてしまった――。その気持ちはいいと思います。だったら、どんどん雑巾として使っていきましょう。

使わずたまってしまうというのは、「ものを最後まで使い切る」という価値観が自分自身のものではないからです。いくら正しい考え方でも、自分自身の価値観でなければなかなか行動に移すのは難しいことです。

「ものを使い切りたい」という気持ちが本当なら、見えないところや洗面所にためこむのではなく、自分が手にとりやすい場所に置き、思いついたときにどんどん使っていきましょう。

放置しているサンプル類

ためこみやすいのは

欲張りタイプ

！使う機会を具体的にイメージして

ドラッグストアなどで買い物をすると、サンプルをくれることがありますが、私は断るようにしています。なぜなら、実際に使う場面がほとんどないからです。

また、香りや使い心地が自分に合わないこともあります。開けてから「この香りは苦手」「べとべとして使い心地がよくないな」と思っても、処分するのにまたひと手間かかります。長く置いているうちに、いつもらったものかがわからなくなったりするのも面倒ですね。

旅行に行くときも、こだわりのあるものは家で使っているものを持参しますし、こだわりがなければ旅先に置かれているものですませます。**これまでもらったサンプルを実際に使ったことがどれほどあるかなどを振り返り、自分にとって本当に「お得」になっているかを考えてみましょう。**

多すぎるシャンプー類のボトル

！本当にすべて必要かという視点で見直す

シャンプーやコンディショナー、トリートメントに洗顔料。用途に応じて揃えているうちに、ボトルやチューブが増えてしまいます。家族がそれぞれ異なる種類のものを使っていればなおさらですね。

わが家も二世帯住宅なので、それなりの数のボトル類が浴室にあります。ただ、やみくもに増やさないよう、意識はしています。たとえば私と妻は同じシャンプーで、今は子どもも統一しました。

ある程度は仕方ありませんが、掃除するのがおっくうになるほどボトルが多いのは、新製品が出るたびに買ったり、必要以上の種類を揃えたりしているからではないでしょうか。本当にすべて必要なのか。大きなボトルで買わなければいけないのか。**量や用途ではなく、「自分にとって必要なもの」という視点で見直してみましょう。**

また、存在を忘れてしまって使っていないなら、置き方や場所も再確認が必要です。

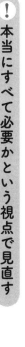

本　棚

「本棚を見ればその人がわかる」といわれるように、未来の自分がイメージできるような本棚をつくりましょう。

たまっていませんか？
貧乏神が大好きな不用品

A 夢中になって読んだけど、それきりの本
⇒141ページへ

B いつか勉強しようと思っている教科書や参考書
⇒142ページへ

C 視聴予定のないCD、DVD
⇒143ページへ

夢中になって読んだけど、それきりの本

！面白かった本ほど、人にあげよう

私の場合、本はよく購入しますが手元に残しません。読んだらすぐ、「この本は、あの人にいいんじゃないかな」と思い浮かんだ人にプレゼントします。

すると、相手が「伊藤さんにこの本をいただきました。とても面白かったです」などとSNSに投稿してくれて、さらにほかの人が読んでくれるといった具合にどんどん輪が広がっていくのです。自分が読んで面白くなかった本をあげる人がいますが、私はむしろ面白い本こそ、どんどん手放します。

「あの本、面白かったです」と連絡をくれたら、「どこが面白かった？」と聞いて共有します。「そういう読み方もあるのか」と、自分とは違う視点を知ることができ、理解も深まります。ひとりで読むよりずっと発展的な読書ではないでしょうか。

本をはじめ、いいと思う情報こそ自分だけで抱えこまず、どんどん手放していきましょう。

いつか勉強しようと思っている教科書や参考書

！自分の適性をさらに活かせるのか

何か勉強しようとしたとき、誰もが前向きな気持ちになり、「あれもこれも」と教科書や参考書を揃えたくなります。しかし地道に勉強を続けることの難しさも、多くの人が経験しているのではないでしょうか。

欲張りタイプの人は情報収集能力が高いため、「今はこの資格が人気」「就職に有利」といった情報をキャッチしては目移りしがち。けれど、ある資格の人気が高いということは、取得する人も多いということ。**これまでの自分のキャリアや適性を踏まえながら、「自分にとって何が有効か」を考えて検討しましょう。**

資格試験の内容も変わっていきます。最新版だった教科書や参考書も、次の年には古びているでしょう。手放して、次は本当に学びたいものを見つけてください。

ためこみやすいのは

欲張りタイプ

視聴予定のないCD、DVD

！すでに自分の中で消化されているはず

以前はよく聴いていたCDや衝動買いしたDVDも、まとまった数になるとかさばってきます。「大好きだったし、ディスクもきれいだし、また視聴するかも」と思う気持ちもわかります。しかし何年もそのままでほこりをかぶってしまっているならば、もうその音楽や映像は消化されて身についていると考えてもいいのではないでしょうか。そして今は新しいものを求めているのでは？

「いつか」と後回しにできるものは、少なくとも今は必要ではないもの。そして、**今必要としていないものが、これからの自分の価値を高めてくれるのかどうか**。そんな視点で一つひとつを見直してみましょう。

財　布

財布は価値観や生活の様子が明確に表れます。レシートをはじめ、ポイントカード、クーポン、診察券やキャッシュカード。財布にお金以外のものが多いのは、それだけ行動が多いということ。部屋と財布の中身には相関性があります。部屋の片づけの前に財布の中身を片づけるのがおすすめです。

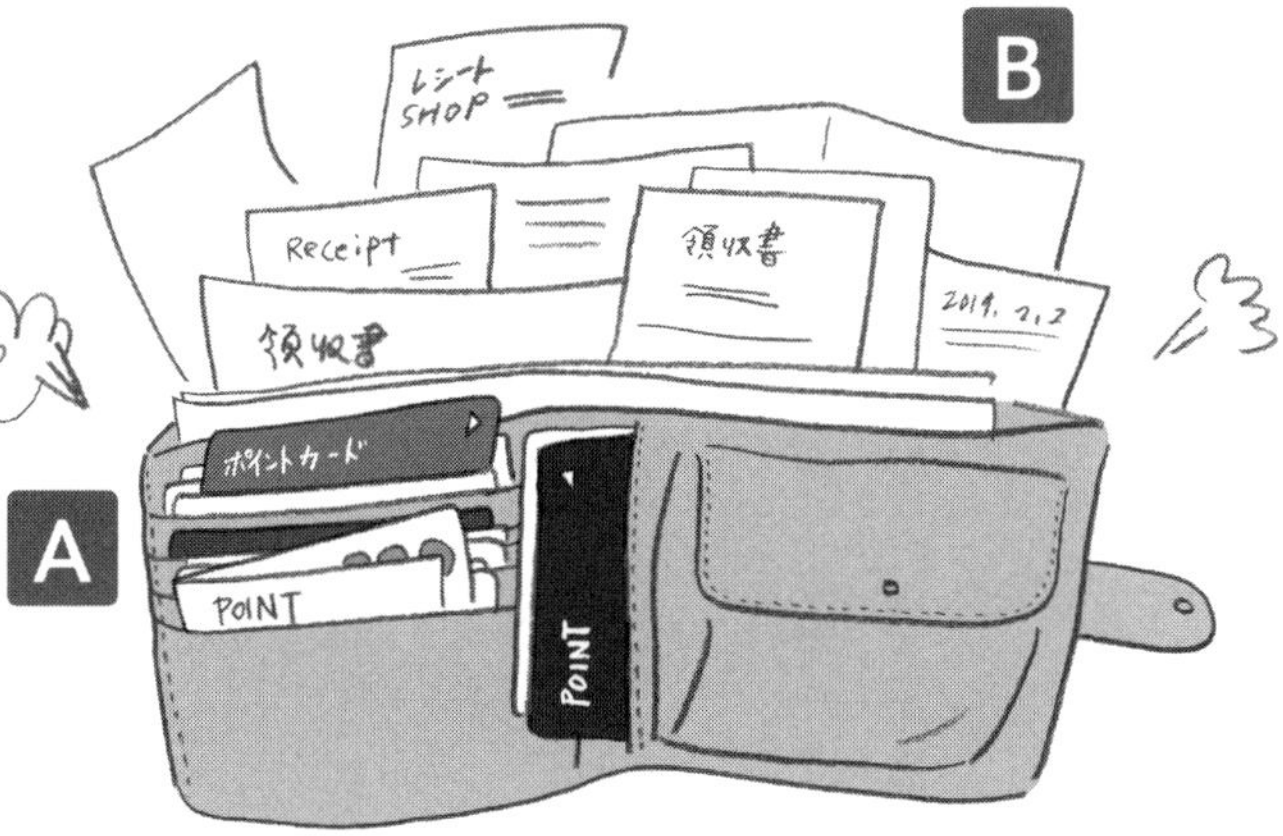

たまっていませんか？
貧乏神が大好きな不用品

A クーポン券　ポイントカード

⇒88ページへ

B レシート　領収書

⇒145ページへ

レシート　領収書

ためこみやすいのは

欲張りタイプ

！1日の終わりにチェックして行動の無駄を減らす指針に

レシートは財布の中でたまりがちなものの筆頭です。私もレシートでいっぱいになった財布を持ち歩いていた時期があります。あるとき、たまったレシートを整理していて、自分がいかに無駄な動き方やお金の使い方をしているかに気がつきました。1日に何度もカフェでお茶を飲んで時間をつぶしたり、コンビニで余計なものを買ったり……。そこで「レシートが出にくいような動き方をしよう」と考えました。

1日の行動が多いと何となく頑張っているような気分になりますが、大切なのはその「内容」です。

コンビニでちょくちょく買い物をしている人は、ストレスを小さな消費で発散しているのかもしれません。**そんなふうに自分の「今」を知るきっかけとしては最適です。**お店でレシートを受け取らないという人もいますが、ぜひ受け取って1日の終わりにすべてをチェックして捨てる習慣をつくってみてください。

財布

場所別トレーニング

かばん

たまっていませんか？
貧乏神が大好きな不用品

A 使いかけのティッシュペーパー
入れっぱなしのハンカチ

⇒148ページへ

B 救急セット　裁縫セット

⇒149ページへ

C 予備のエコバッグ

⇒150ページへ

D おなかが空いたときのための
お菓子

⇒151ページへ

かばんは部屋の縮図。財布と同じく、部屋の片づけをする前のトレーニングとしてやってみるのもおすすめです。私は気に入ったかばんを常に使い、中身は常に把握しています。「未来の自分に備える」という発想で、持ち歩くものは選びましょう。

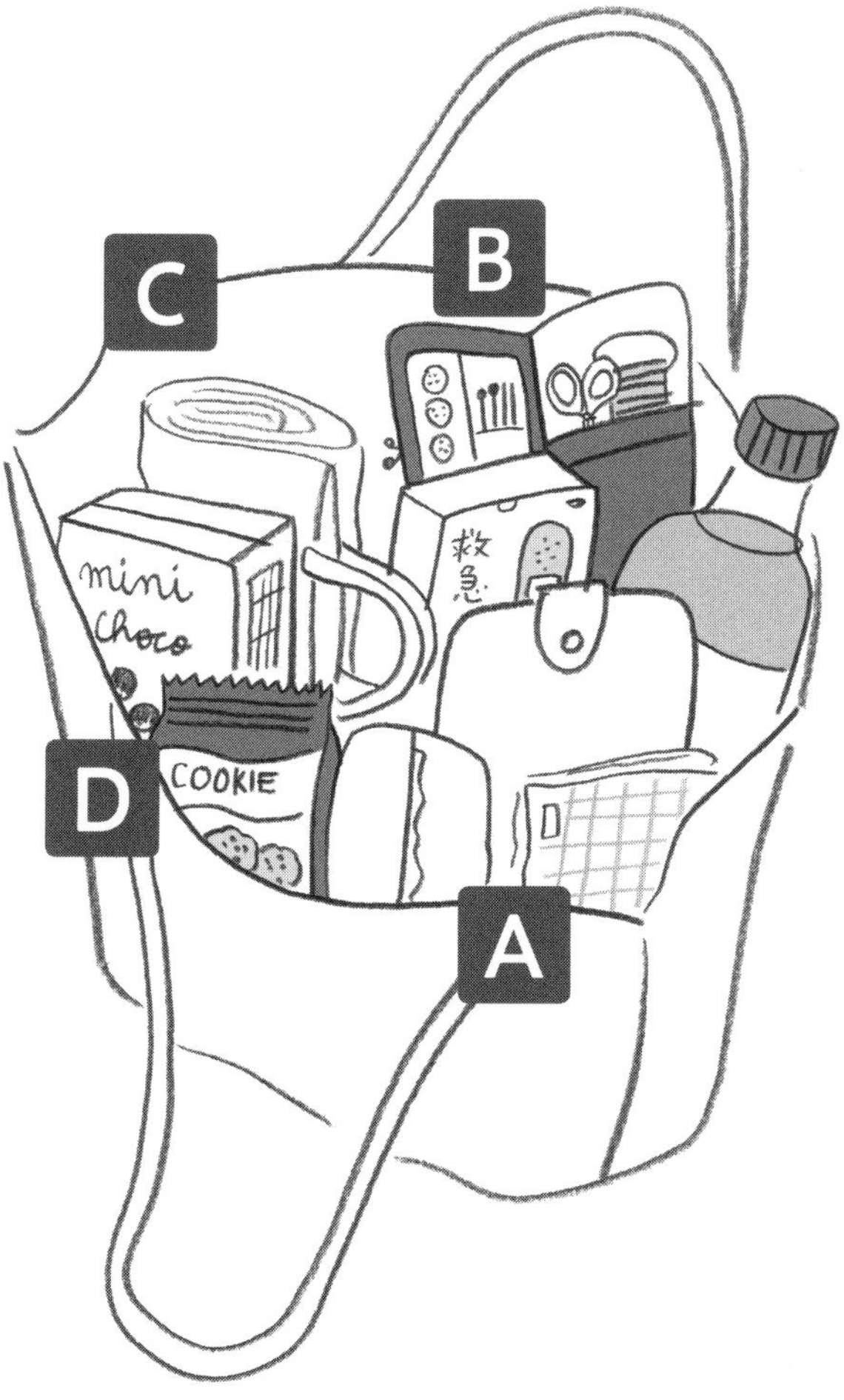

使いかけのティッシュペーパー入れっぱなしのハンカチ

使うときに気持ちよく使えるか？

いざ使おうと思ったときにはくしゃくしゃになっている、ティッシュペーパーやハンカチ。

「かばんの中に入っている」ということは把握しているのですが、どんな状態なのかをチェックしていないと、こうなってしまいますね。

「あるから大丈夫」ではなく、未来の自分が気持ちよく使えるかどうか。

とてもささやかですが、こういうところから発想していく習慣をつけましょう。

救急セット　裁縫セット

！他人のためでなく自分のために備える

外出先で困ったとき、「持ってるよ」と何でもかばんから出してくれる人がいます。小さなハサミやばんそうこう、時には風邪薬まで。一緒にいる人はとても助かるのですが、その人のかばんはいつもパンパンで重そう。大変だろうと思います。

外出先で困るといっても、今はあちこちにコンビニがありますし、本当に困ったときは駅やお店などに助けを求めることもできます。たいていは何とかなることばかりではないでしょうか。

人目を気にする他人任せタイプの人は、人から評価されるのが何よりの喜び。しかし、人からの評価やレアケースの場合のために、使う機会の少ないものを日々持ち歩くのは重荷ではないでしょうか。また、人からの評価を自分の価値として、本当にいいのでしょうか。**他人やまだ見ぬ誰かのために備えるのではなく、自分の望む未来のために備えましょう。**

予備のエコバッグ

！必要や目的に応じた買い物の計画を

予備というのは「こうなるかもしれない」という未来に備えることだと思われるかもしれません。しかし、意外と過去を踏まえているものです。「荷物が増えて大変だった」から「荷物が増えてもいいように予備のエコバッグを持っておく」というのは、過去への未練なのです。

あらかじめ買い物をする予定ならＯＫです。しかし買い物をするかどうかはわからないけれど、「とりあえず」入れておく。そこには過去に消化しきれなかった感情や出来事をまた味わおうとする心理があります。部屋に収納場所をつくり、将来の自分に必要かどうかを考えずに置いておくのと同じですね。

何か買うときは明確な目的や必要があるとき。そう決めれば、予備のエコバッグをかばんに入れっぱなしにはしないでしょう。

おなかが空いたときのためのお菓子

ためこみやすいのは

欲張りタイプ

！しっかり食事をとれないスケジュールが続くのはどうして？

予定がぎっしりで、食事の時間がとれるかどうかわからない。そんなときのためにとりあえず空腹を紛らせるお菓子をかばんに入れておく。欲張りタイプの人は、行動も欲張りになりがちです。たしかにそんな日もあるでしょう。しかし常にかばんにお菓子が入っているなら、スケジュールの立て方や動き方を考え直してみてもいいのではないでしょうか。

時間に追われ、気が急《せ》いている中でたくさん予定をこなすことに意識を向けるのではなく、**その先にある目的や自分の未来を考えてみましょう。**

合間にきちんと食事をとれる時間を確保したり、あるいは予定を整理して絞りこんだりして有効に時間を使うことを考えるのです。

こうして常に、自分の本当の目的や目標を意識する習慣をもつことが大事です。

ジュエリーボックス

アクセサリーや時計は、過去のイメージや記憶が瞬間的によみがえりやすいもの。なつかしいだけならいいのですが、「あの頃はよかった」と過去を引きずっていたり、ブランドや値段にとらわれていたりすると、未来の自分の足を引っ張ってしまいます。

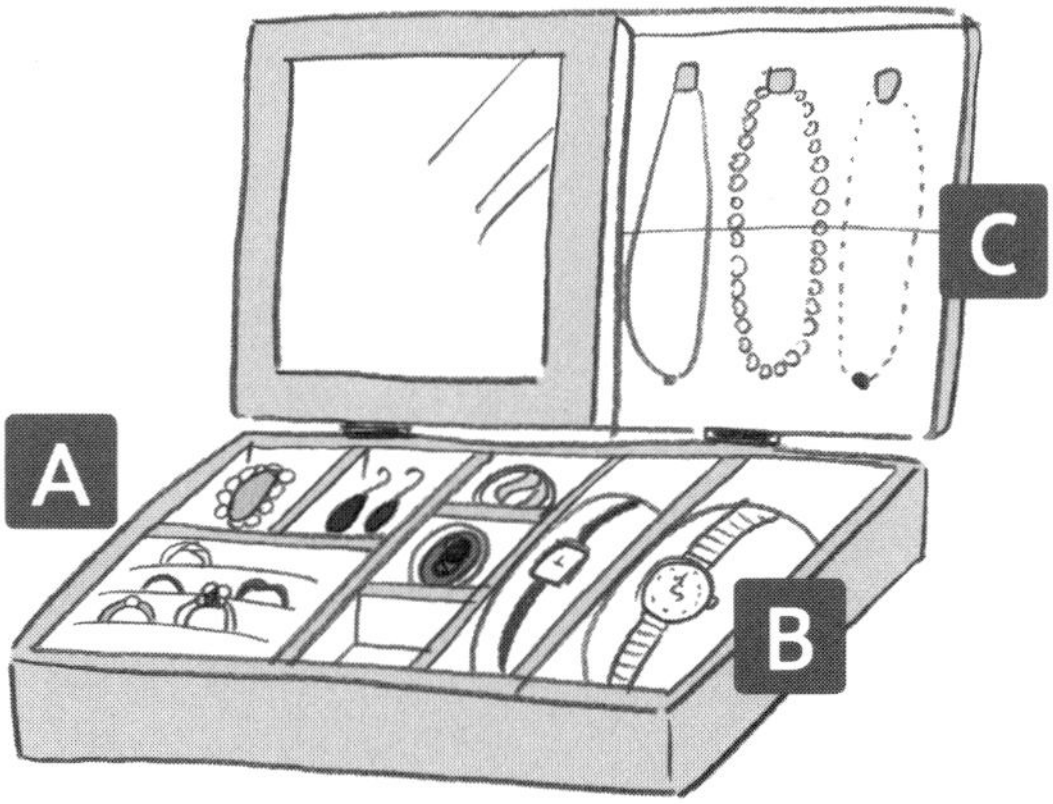

たまっていませんか？
貧乏神が大好きな不用品

A 母や祖母からもらったアクセサリー ⇒153ページへ

B 昔使っていた腕時計 ⇒154ページへ

C フェイクなのが気になるアクセサリー ⇒155ページへ

母や祖母からもらったアクセサリー

！自分の価値観で大事にできているか振り返ろう

特別な思い入れのあるものを譲られるというのはうれしいものです。しかしあまり好みでなかったりして、使わないまま持っておくことに罪悪感を抱いているなら、心が過去に向いているのかもしれません。譲ってくれたお母さんたちには特別な思い入れがあるのでしょうが、それをどう受け止めるか、どんな価値を見出すのかは自分自身です。**価値観まで引き継ぐ義務はありません。**

無理やり手放す必要はありませんが、なぜ罪悪感があるのかを考えてみましょう。譲ってくれた人への申し訳ない気持ちなのか。自分を不甲斐《ふがい》ないと思っているのか。過去の自分に比べて、今の自分に納得できていないのか。いずれにしても過去にとらわれ、未来や自分が望む方向への具体的なイメージができていないのではないでしょうか。

こうして自分を振り返るという意味では、時々取り出して自分の感じ方を確かめられる存在として手元に残しておくのはいいと思います。そして未来の方向へ強く意識を向けていきましょう。

昔使っていた腕時計

！ 値段やブランドではなくもの自体の価値を見出そう

「高かったから」「ブランド品だから」と、今の自分の生活やファッションには合わないけれど手放せない。これも過去にひきずられています。

仕事に対する考え方にも通じますが、私は、仕事なら「自分がやる仕事だから価値がある」と考えますし、ものなら「自分が持つから価値がある」と考えます。「高かったから」「ブランド品だから」という発想から、**「自分が選んだから価値がある」という発想へ切り替えましょう。** 値段やブランドにこだわっているのであれば、この機会に手放して自分の価値観でものを選ぶ習慣をつけていきましょう。

フェイクなのが気になるアクセサリー

! 自分に似合うなら堂々と使おう

おしゃれな人というのは、どんなブランドのものを身につけているかではなく、自分に似合うものをよく知っている人だと思います。**フェイクだけど気に入るものを見つけたというのは、まずはあなたが自分の魅力を知っているということ。**だからこそ、人目を気にするのはもったいないですね。

先日、仙台に行ったときのことです。仙台の知り合いがたまたま出会った人を紹介してくれました。気さくな人で、「いいおじさんだな」と思っていたら、すごい資産家だと知り合いが後から言うのです。驚いたと同時に、なるほどと思ったのは、まったく偉そうではなかったことです。本当に自分に自信のある人は、恰好や持ち物で自分をアピールしないものなのだと改めて思いました。

自分がファッションや持ち物で「安っぽく見られるんじゃないか」という不安を感じるとき、自分自身が自分を安っぽく思っているのかもしれません。

メイクボックス

以前使っていたメイク道具がいつまでも捨てられない。古い香水をコレクションのように並べている。ドレッサーやメイクボックスも、その人自身の「今の状況」が表れやすいものです。

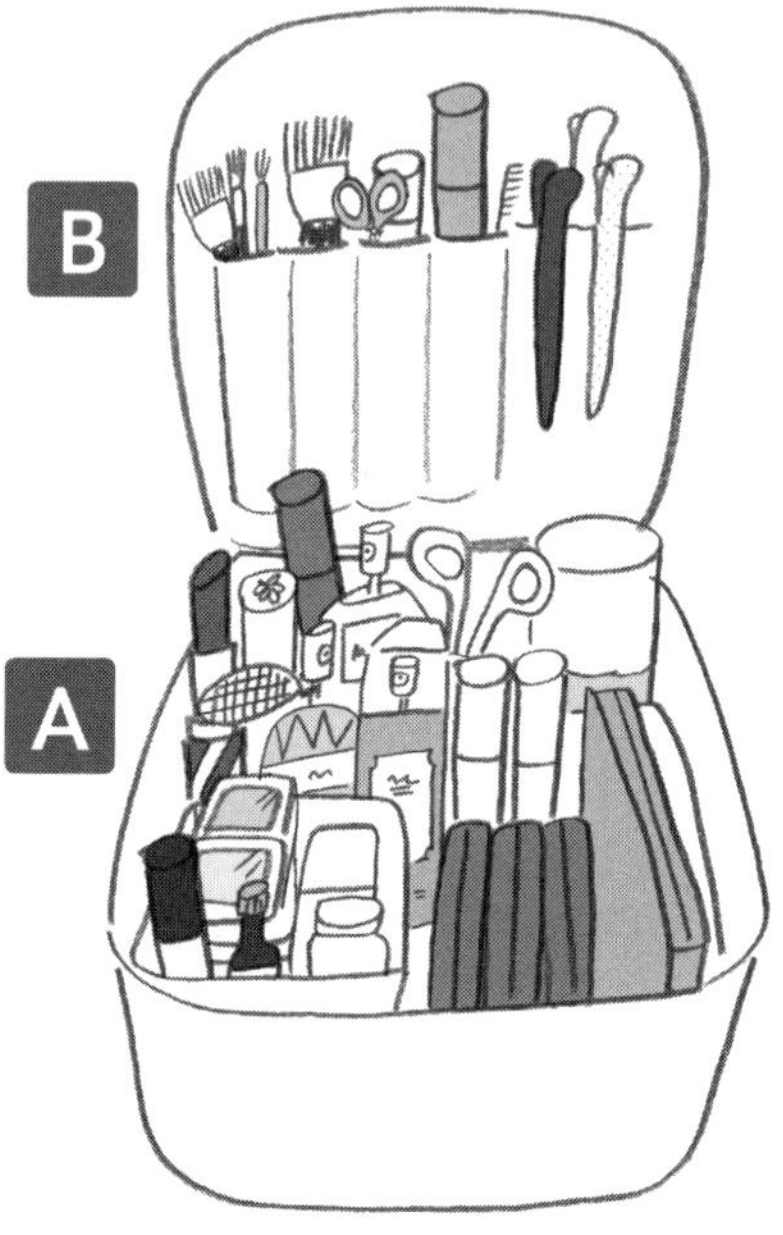

たまっていませんか？
貧乏神が大好きな不用品

A ブランド品のメイク道具
古い香水 ⇒157ページへ

B セットについてきたけど
好みでないメイク道具

⇒157ページへ

ブランド品のメイク道具　古い香水

！ 未来の成長した自分にとって、それを使う機会は来るのか？


値段やブランドへの未練のために手放せない。

しかし未来に意識を向けたとき、それでも本当に必要だと思えるでしょうか。

これから先、どんな女性になっていきたいのかというイメージを具体的に描いて、その未来の自分にふさわしいものを選ぶ気持ちで見直しましょう。

セットについてきたけど好みでないメイク道具

！ 今好みでないものをわざわざとっておくメリットを考えよう

「好みじゃないけど、いつか使うかも」という発想は、ほかのことにも通じます。

そのまま、**次に引き出しを開けるまで忘れているほどのものが、自分にふさわしく、自分のよさを引き出すことに本当に役立ってくれるものなのか。**

自分で好んで買ったものでも、なかなかすべてを上手く活用しきるのは難しいのではないでしょうか。セットとしてついてきたものならなおさらです。

しまいこみタイプの人がもつ敏感なセンサーを「よりよい未来に備える」ことに向けて活かしましょう。

3章

貧乏神が逃げ出す「コミュニケーション習慣」

大事なのは、自分の個性と魅力を最大化すること

空間心理カウンセラーとしてクライアントさんと向き合うとき、私が考えの軸としているのは「**その人の個性と魅力を最大化する**」ことです。そのお手伝いをするというのが私の役割だと考えています。

相談に来られる人のほとんどは「部屋を片づけられない」という悩みを抱えていますが、話を聞いていくと、ほかにもさまざまな悩みが出てきます。それを聞きながら、「この人の個性と魅力がもっとも生きるためにはどうしたらいいだろう」と考えるのがスタートです。片づけはそのうちの一部分でしかありません。

逆に言うと、部屋が片づかないという状態は、その人の個性や魅力が活かされていないことを示しているわけです。そこを変えなければ、部屋は何度片づけても元に戻

るでしょう。

「片づけをするためには、片づける方法を身につけなければいけない」と一般的には考えられています。ですから、片づけるスキルを紹介する本や雑誌の特集はたくさんあります。片づけができないことに悩んでいる人は、きっと何冊もそうした本や雑誌を買ったことでしょう。

しかし実は、物理的な環境を変えるためには、自分の内面をあきらかにして自己表現を一貫していくのが近道なのです。さらに具体的にいうと、「**自分を追い詰めている習慣やコミュニケーションのパターンを自分を喜ばせるパターンに変える**」ことです。

人はそれぞれに、話し方や考え方など、さまざまな習慣や癖をもっています。害のない習慣や心の癖もありますが、中には自分を追い詰めてしまうものもあります。

1章にも書きましたが、コミュニケーションのパターン、心の癖には幼い頃の親との関わりや家族の中での自分の立ち位置などが影響していることが多々あります。

特に女性は、人の気持ちを忖度《そんたく》し、気を遣うことを子どもの頃から求められがち。

そして期待に応えることで評価されてきた人が多く見られます。2章でご紹介した5つのタイプも、育ってきた環境が色濃く反映しているでしょう。

特にコミュニケーションは生きていくうえで欠かせないものですが、人とコミュニケーションをとるのは難しいことでもあります。「人が2人以上集まれば〝社会〟である」といわれますが、社会では人間関係のトラブルがつきもの。というより、トラブルのほとんどはコミュニケーションエラーからきているといってもいいでしょう。それほど難しいものなのです。

よく「人づきあいが苦手で」「私はコミュニケーション能力が低くて」と自分を卑《ひ》下《げ》する人がいますが、コミュニケーションの上手い人のほうがずっと少ないのですから、自信をなくす必要はありません。

また、コミュニケーション能力の高い人も、すべての人とうまくいくわけではないのです。というのは「相手」がいるからです。コミュニケーションは一人では成立しません。つまり、**コミュニケーションがうまくいくかどうかは相手の受け取り方にもよるということ。**素直に人の気持ちを受け取れないなど、ねじれた思考をする人にかかると、「あの人はあんなことを言っているけど、何か裏があるに違いない」などと言われてしまうことだってあるのです。

ですからある意味で、自分のコミュニケーションがうまいか下手かで悩むのはナンセンスだといえるでしょう。悩んでいる暇があったら、ここにこそ「テクニック」を使うべきです。

自分の心の癖を知り、散らかったパーソナリティーを整えて、コミュニケーションのパターンを変えていく。それでぐんぐん人間関係が変わり、生活が変わった人たちをたくさん見てきました。

人の揚《あ》げ足をとってやろう、どうせ裏があるんだと思うようなネガティブ思考の人は周りから消え、幸せをみんなでシェアしてみんなで幸せになろうと考える人が集まってきます。当然、人生も大きく変わります。1章でお伝えしたように、運がどんどん上昇していくのです。

次のページからは、コミュニケーションがラクになる法則を3つ、ご紹介します。実践していただくことで、人間関係が変わり、貧乏神も逃げ出していくはずです。

コミュニケーションがラクになる3つの法則

その1 能動的に聞く

私たちは「人の話はちゃんと聞きましょう」と教えられます。特に女性は「聞き上手」であることを求められがちですが、実は、話の聞き方には重要なポイントがあります。

それは「聞きすぎない」こと。**人が話す言葉は、あくまで「今、心で感じていることを限りなく近い形で表現したもの」にすぎません。**つまり、その人の心を正確に表したものではないのです。

「嫌よ嫌よも好きのうち」というように、「キライ！」と言いながら、本当は大好きというのもよくあること。人間にはあまのじゃくな性質があり、常に本音をストレートに表現することは意外に少ないのです。

ですから、人の話を「はいはい」とひたすら聞き、話した言葉をそのまま受け取っていると、その人の本心や本音に気づかないまま、表面的な関わりを続けることになりかねません。

では、本音や本心を知るには、どんな聞き方をすればよいのでしょうか。

そのためには、受動的な聞き方から能動的な聞き方へと変えることが大切です。

具体的には**「子どものように話を聞くこと」**を意識してください。

子どもは次々にいろいろなことに興味をもち、「何で？　何で？」と質問をしてきます。純粋に「どうしてそうなるのかを知りたい」という気持ちだけ。これが、何かを理解したいときにもっともシンプルで間違いのない聞き方です。

大人になるにつれて、知識を得て経験を重ねるうちに、「こんなことを聞いては失礼かな」「たぶん、こういうことだろう」と自分で忖度や想像をして質問するのをやめてしまいます。しかしそれでは本心や本音を知ることはできません。

子どもの純粋な感覚を意識しながら、**「この人はどうしてこんな言動をするのだろう」「何を知ろうとしているのだろう」**と、**「相手を知りたい」という気持ちで向き合ってみましょう。**

「どうして」という疑問に批判的な感情が入ると、それを相手も敏感に感じますし、質問も口調もとげとげしくなります。**あくまでも純粋な好奇心で聞くという姿勢を意識するのが大切です。**

聞きっぱなしの受動的な聞き方を、こちらから知ろうとする能動的な聞き方へと変えていくと、相手の言動に左右されることなく、冷静に相手の真意に触れられるようになります。

特にあまりうまくコミュニケーションができていない相手については、メモにして書き出し、整理することをおすすめします。相手のどんな言動に怒りや不安、不快を感じるのか。それを意識しながら会話をし、その理由を想像してみるのです。たとえば、いつも頭ごなしに叱ってくるお姑《しゅうとめ》さんに、子ども時代のことを質問してみる。すると「親が厳しかった」といった話が出てきて、お姑さん自身が頭ごなしに叱られて育ち、そうしたコミュニケーションしか知らないという背景が見えてくるかもしれません。

こうして相手を客観的に見ることによって、拒否感や苦手意識がやわらぎ、余裕をもって接することができるようになっていきます。

コミュニケーションがラクになる3つの法則
その2　伝えることを大切にする

部屋が片づかない人は、片づかないということに罪悪感を抱いていますが、実はとても優しい「いい人」であることが多いのです。**他人の気持ちをよくわかり、尊重するあまりに自分自身を前面に出せない傾向がよく見られます。**

つまり「発信」が弱いわけです。

しかし、自分が感じていることをちゃんと伝えないでいると、やがて自分が本当に感じていることが自分でもわからなくなってしまいます。

その結果、心が苦しくなって何もやる気が起こらなくなる人も少なくありません。

その1で「聞く」というコミュニケーションを受動から能動へと変えることを提案しました。「伝えることを大切にする」というのも、それに通じます。

受け身でひたすら聞くばかりで、自分がどう感じているかを伝えなければ、どんどん苦しくなってしまいます。聞くことだけに集中するのではなく、コミュニケーションをよりラクにするためには、自分の感じたことを率直に伝えていくことも重要です。

とはいっても、「あなたにも悪いところがあるんじゃない？」「あなたはこういう性格だから」と上から目線で意見したり決めつけたりするということではありません。**「あなたが今こう言ったことについて、私はこう感じたんだけど、どうかな？」**などというように、あくまで相手の気持ちを知るために自分が感じたことを伝えるというスタンスで。

議論ではなく、「感じた気持ち」のやりとりをするという感覚です。

そうすることで、お互いに話せば話すほど心が整理され、相手を尊重したコミュニケーションができるようになります。相手が「批判された」「否定された」と感じないために大切なポイントは、**「常に主語を自分においた表現」をすること**です。「あな

たは」ではなく、「私は」から始めることを意識しましょう。

自分が感じたことをできるだけ伝えていくことは、自分自身をラクにするだけではありません。

相手も「自分の話に関心をもち、親身に聞いてくれている」と感じてさらに心を開き、自分の気持ちを素直に表現しようとし、言葉を選ぶようになるでしょう。

それが「本音での関わり」へとつながっていきます。

コミュニケーションがラクになる3つの法則

その3 相手を変えようとしない

人が話をするときには「相手に理解してもらいたい」という深層心理があります。ところが、聞く側は「自分に何ができるか」と考えがち。そこでつい、よかれと思っていらぬアドバイスをして怒らせたり、不毛な議論になったりしてしまいます。

「どうしたらいいかな?」とアドバイスを求められたときは別として、求められてもいないのに意見してしまうのは、相手を変えようとする意識が働くから。それがたとえ「善意」であっても、相手を操作するような意識は人を遠ざけるだけです。

実は片づけが苦手な人ほど、親がよかれと思って敷いたレールの上を生きてきたことが多いのです。「本当は何をしたいのか」という自分の価値観が、親の価値観に押し殺されて自分を見失ってしまう。

それが、部屋が混乱するという状態に反映されているのです。

相手をよくしたい、相手の役に立ちたいという気持ちは大切ですが、**まずは「相手が何を望んでいるのか」を見極めるのが先です。**

過剰に「相手をよくしよう」「もっとこうすればよくなるはず」と考えるのではなく、相手を理解することを大切にしましょう。

片づけができなくて悩んでいる人の多くは、親の価値観に抑圧されてきた人が少なくないと書きましたが、自分もまた、人の生き方に介入しようとする傾向も見られます。

自分のことはおろそかにして、本来、相手に委ねておけばよいことを「何とかしてあげなくては」と関わろうとする。それは相手にとって「余計なお世話」ではないでしょうか。「自分のことを後回しにして心配したのに、感謝どころか逆ギレされた」という経験のある人は特に気をつけてください。

人はイメージに影響される生き物でもあります。

相手がいくら「正しいこと」を言っていても、その人物が「参考にしたくない状態」に見えると、そのイメージのほうに影響されます。

たとえば、「人は見かけではなく、中身が大事だ」と言う人が、シワだらけのシャツや汚れた靴で険《けわ》しい顔をしていたら、「こんなふうにはなりたくないな」と瞬間的に感じる人のほうが多いでしょう。

人となりは、理屈ではなく全体のイメージから判断されるのです。

相手を変えようとあれこれ働きかけるのではなく、「**相手が参考にしたくなるような自分でいよう**」という気持ちでいれば、自分も相手も尊重したコミュニケーションができるようになります。

このように、これまでのコミュニケーションのクセを少しだけ変えてみることで、人間関係はがらりと変化していきます。

そして貧乏神は逃げ出し、いつでもあなたらしく、周りと幸せを共有できるようになるはずです。

新しい「あなた」へと、今、一歩を踏み出しましょう。

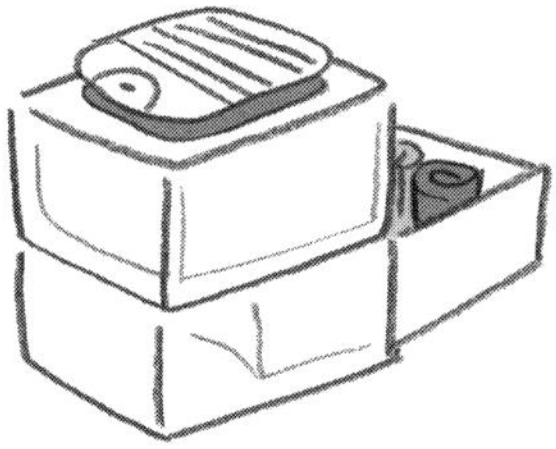

おわりに

昔話に登場する貧乏神は、なまけ者が暮らす停滞感の漂う家に好んで取りつくとされています。「貧乏神は部屋の停滞感から」やってくる。そう考えてみたときに、今のあなたの部屋にはどんな気が流れていると感じるでしょうか。たった3分。されど、3分。日常の中で当たり前に過ぎていく、この短い時間にこそ意識を向けながら、今日からできる行動を1つでも形にすると、部屋の空気感も確実に良い方向へと変わるようになります。「病《やまい》は気から」ということわざもありますが、

運を動かすと書いて「運動」です。片づけは動きをともなうからこそ、自らの意思で運を動かせる行為でもあるのです。本書をきっかけにしてぜひ、運をどんどん動かしていきましょう。そうやって運が動き始めることで、その場の気が循環して「運気」が上がるようになります。さらにその行動を続けていくと勢いがつくようになって「運勢」が上向《うわむ》きになっていく。すると運命が変わって、あなたの未来が明るく模様替えされていきます。

本書では何度となく「自分軸」を振り返る問いかけをしてきました。片づけは単に部屋をきれいにするための行為ではなく、心の整理も合わせて意識すると、自分らしく人生を整えるきっかけになる行為です。だからこそ、これからもずっと問い続けてほしい質問をお届けして、最後のあいさつとさせていただきます。

「魅力的でいきいきしているあなたにふさわしい、部屋の状態とは?」

自分なりの答えで良いので、ぜひこの問いに答え続けてみてください。そして、本書は、そのときの心理状態で気づきが変わる作りにしておりますので、時折読み返していただきながら最後の問いに改めて答えると、その時々であなたのさらなる魅力を発見する機会になるはずです。それでは、最後までお読みいただきましてどうもありがとうございました。あなたの今後ますますのご発展を、心より願っております。

空間心理カウンセラー　伊藤勇司

〈著者紹介〉
伊藤勇司（いとう・ゆうじ）
空間心理カウンセラー。日本メンタルヘルス協会公認心理カウンセラー。魔法の質問認定講師。引っ越し業界で働いていたときに部屋と心の相関性に着目する。現場で見た家とそこに住む家族や人との関わりを研究し、独自の「空間心理」理論を確立。片づけの悩みを心理的な側面から解決する空間心理カウンセラーとして、セミナー、講演、セッションをのべ10,000名以上に実施。クライアントは主婦から企業経営者、作家まで幅広い。主な著書に『部屋は自分の心を映す鏡でした。』（日本文芸社）、『あなたはなぜ、片づけられないのか？』（PHP研究所）などがある。

〈伊藤勇司から読者へのメッセージ動画〉

QRコードを読み取ると、動画のウェブページにアクセスしていただけます。
※動画のご提供は予告なく終了となる場合がございます。ご了承ください。

1日3分で貧乏神を追い出す「すごい捨て方」

2019年4月3日　第1版第1刷発行

著者　伊藤勇司
発行者　安藤卓
発行所　株式会社ＰＨＰ研究所
京都本部　〒601-8411　京都市南区西九条北ノ内町11
教育出版部　☎075-681-8732（編集）
家庭教育普及部　☎075-681-8818（販売）
東京本部　〒135-8137　江東区豊洲5-6-52
普及部　☎03-3520-9630（販売）
PHP INTERFACE　https://www.php.co.jp/
印刷所
製本所　図書印刷株式会社

ISBN978-4-569-84040-6